RAFFINIERTES MIT KRÄUTERN & GEWÜRZEN

Meister Verlag GmbH

INHALT

KRÄUTER & GEWÜRZE AUS ALLER WELT

Bei vielen Gerichten sind die Kräuter und die Gewürze das Tüpfelchen auf dem i. Sie verleihen dem Essen den typischen Geschmack und sorgen für kulinarischen und optischen Genuß. Ihre Herkunft ist so international wie die Rezeptideen in diesem Buch.

AFRIKA & NAHER OSTEN

Zentrum des Gewürzhandels war einst der Nahe Osten. Damals brachten die Kamelkarawanen und die Gewürzschiffe arabischer Kaufleute die wertvolle Ware aus den Ländern des Fernen Ostens, wie China oder Indien, nach Europa. Nicht selten wurden gar Kriege um die kostbaren Zutaten geführt. Heute gelingt es jedem, Falafel oder Hirsepilaw orientalisch zu würzen. Denn die Gewürze dafür gibt es inzwischen fast überall zu kaufen.

MITTELMEERRAUM

Ein verführerischer Duft nach aromatischen Kräutern strömt aus den Küchen der Mittelmeerländer. So gibt Minze türkischem Gemüse das gewisse Etwas, in Griechenland wird Käse in Kräuteröl eingelegt. Und was wäre die französische Küche ohne ihre Kräuter der Provence? Rosmarin, Thymian

NEUE WELT

Die USA sind weltweit der größte Importeur von Kräutern und Gewürzen. Denn im Land der Einwanderer legt jede »Nation« nach wie vor großen Wert darauf, ihre traditionellen Gerichte möglichst mit Originalzutaten zuzubereiten.

und Lavendel geben nicht nur Fischgerichten ihr unvergleichliches Aroma. Bei Reisen durch Südeuropa entdeckt man immer wieder die schönsten Klostergärten. Ihnen hat die Kräuterküche des Mittelmeer-raums vieles zu verdanken. Denn dort wurden die Würzpflanzen einst kultiviert.

Osteuropa

Gewürzpaprika spielt hier die größte Rolle. Ungarn ist heute als Land des roten Paprikas berühmt, dabei waren es die Türken, die das Gewürz einführten. Die russische Küche wird von den Gewürzen Asiens geprägt. Auch Wildkräuter wie etwa Sauerampfer sind typisch.

Mittel- & Südamerika

Feurig pikant sind die Gerichte in Mexiko. Gemüse, frisch vom Markt, kommt täglich auf den Tisch. Chilischoten verpassen ihnen die charakteristische Schärfe. Piment, auch Nelkenpfeffer genannt, ist ein Muß für karibische Fleisch- und Geflügelragouts.

Nord- & Mitteleuropa

Dill und Petersilie werden im Supermarkt das ganze Jahr über frisch angeboten. Sie verfeinern unter anderem Fisch-, Gemüse-, und Pilzgerichte. Zarter Kerbel und aromaintensive Wildkräuter wie Löwenzahn oder Brennessel hingegen sind Frühlingskräuter und nur in dieser Jahreszeit zu genießen. Sie harmonieren bestens mit Geflügel und Eiern.

*P*UTENROLLBRATEN MIT KRÄUTERFÜLLUNG

DÄNEMARK

Diese Gericht zeigt, daß man in Dänemark auch mit scharfen, exotischen Gewürzen umgehen kann. Aromatische Kräuter verleihen dem zarten Putenfleisch ein ganz besonderes Aroma.

ZUTATEN

(Für 6 Portionen)

- 1 kg Putenbrust
- Salz
- Cayennepfeffer
- je ½ Bund Petersilie und Dill
- 1 kleiner säuerlicher Apfel
- 100 g Schweinemett (siehe Zutatentip)
- ¼ TL gemahlener Ingwer
- 2 EL Öl
- 1 EL scharfer Senf
- ¼ l Fleischbrühe
- 2 EL saure Sahne

AUSSERDEM

- 2 EL Schnittlauchröllchen

ZUTATENTIP

Am besten schmeckt die Füllung mit Hackepeter. Dieses mit Zwiebeln, Pfeffer und Paprika gewürzte Schweinemett gibt es beim Metzger.

1 Die Putenbrust vom Metzger zu einer großen Scheibe schneiden lassen. Das Fleisch auf die Arbeitsfläche legen. Mit Salz und Cayennepfeffer kräftig würzen. Die Kräuter waschen, trockenschütteln und ohne die groben Stiele fein hacken. Den Apfel schälen, vierteln, entkernen und kleinwürfeln.

2 Das Schweinemett mit den Kräutern, dem Apfel und dem Ingwer vermischen und auf dem Fleisch verteilen. Die Putenbrust aufrollen, mit Küchengarn (siehe Kochtip) fest umwickeln und die Enden verknoten.

3 Das Öl in einem großen Topf erhitzen. Den Braten darin bei mittlerer bis starker Hitze rundum anbraten. Den Senf hinzufügen, die Hälfte der Brühe angießen und den Bratensatz damit loskochen. Den Rollbraten zugedeckt bei schwacher Hitze in etwa 1 Stunde weichschmoren lassen. Dabei die restliche Brühe nach und nach angießen.

4 Den Braten aus dem Topf nehmen. Die saure Sahne in den Schmorsud rühren. Nochmals kurz erhitzen und abschmecken. Dann mit den Schnittlauchröllchen bestreuen und zum Putenrollbraten servieren.

Schritt 2

Schritt 2

Schritt 3

Zubereiten **30** Min. Garen **1** Std.

Pro Portion: 335 kcal/1402 kJ; 47 g EW; 15 g F; 3 g KH

TYPISCH DÄNISCH

Eigentlich schreibt man unseren skandinavischen Nachbarn in erster Linie Fischgerichte zu. Daß dem nicht unbedingt so ist, beweist die dänische Küche. Hier findet man nicht nur die verschiedensten Wurst- und Fleischwaren, speziell Pasteten und Leberwurst, sondern auch Geflügelgerichte in großer Auswahl.

Kochtip

Küchengarn zum Binden von Braten und Geflügel ist schwer zu bekommen. Nehmen Sie statt dessen festes Häkelgarn aus der Kurzwarenabteilung oder dem Handarbeitsladen. Ganz wichtig: Das Garn muß aus ungefärbter und ungebleichter Baumwolle bestehen, damit sich beim Garen keine Schadstoffe bilden.

Serviertip

In Dänemark ißt man Kartoffelpüree sowie Erbsen und eventuell noch Gurkensalat zum Putenrollbraten.

Als Getränk paßt am besten ein kühles helles Bier oder ein Glas kaltes Mineralwasser.

SCHOTTISCHER LACHSAUFLAUF

GROSSBRITANNIEN

Schwärmen Sie für kräftige Aufläufe mit edlen Zutaten? Dann werden Sie diese Spezialität zu Ihrem Lieblingsauflauf erklären und backen, wenn es köstlich aromatischen Sommerdill gibt.

ZUTATEN
(Für 4 Portionen)

- 400 g rohes Lachsfilet (siehe Zutatentip)
- Saft von 1 Zitrone
- 100 g Vollkorntoastbrot
- 200 ml Milch
- 1 Bund Dill
- 1 Ei
- 1 Msp. geriebene Muskatnuß
- Salz, weißer Pfeffer
- 200 g Crème fraîche
- 1 EL Butter

ZUTATENTIP

Lachs gehört zu den eher fettreichen Fischen. Wenn Sie es lieber leichter mögen, nehmen Sie frische Forellenfilets, die ebenfalls ganz typisch für die schottische Küche sind.

1 Den Lachs kalt abbrausen, trockentupfen und mit einem scharfen Messer in 2 cm große Würfel schneiden (siehe Kochtip). Die Lachswürfel in einer Auflaufform verteilen, mit dem Zitronensaft beträufeln und etwa 10 Minuten ziehen lassen.

Schritt 1

2 Inzwischen den Backofen auf 180 °C vorheizen. Den Vollkorntoast entrinden, dann ganz fein zerkrümeln. Die Milch darübergießen und das Brot einweichen lassen. Den Dill waschen, trockenschütteln und ohne die groben Stiele fein hacken.

Schritt 2

3 Das Ei mit dem Muskat, Salz und Pfeffer schaumig rühren. Dann die Crème fraîche und das Brot nach und nach unterrühren.

4 Den Lachs mit Salz und Pfeffer würzen und mit der Hälfte des Dills bestreuen. Den restlichen Dill unter die Eiercreme rühren. Mit einem Eßlöffel auf den Lachswürfeln verteilen. Zuletzt die Butter in kleinen Flöckchen auf dem Auflauf verteilen.

Schritt 4

5 Im Ofen (Gas 2; Umluft 160 °C) auf der unteren Schiene in etwa 25 Minuten goldgelb überbacken und heiß servieren.

Zubereiten **15** Min. Backen **25** Min.

Pro Portion: 445 kcal/1862 kJ; 28 g EW; 29 g F; 18 g KH

TYPISCH SCHOTTISCH

Kein Wunder, daß die besten Lachsgerichte aus Schottland stammen. Die kalten, schnellen Flüsse im Norden der britischen Inseln quollen einst über von fetten Lachsen, zarten Forellen und anderen feinen Speisefischen. Über die Jahrhunderte entwickelten die Schotten so eine Vielzahl leckerer Fischgerichte.

Kochtip

Manchmal stecken in Fischfilet sehr feine Gräten, die man nur schwer entfernen kann. Dann leistet eine einfache Pinzette gute Dienste: Streichen Sie mit dem Zeigefinger vorsichtig über das Fischfleisch, um die zarten Fischgräten zu fühlen. Mit der Pinzette können Sie diese dann mühelos einzeln herauszupfen.

Serviertip

Als leichten Kontrast zum kräftigen Auflauf einen gemischten Salat mit Gurke, Tomaten und Kräutern reichen.

Als Getränk bietet sich ein spritziger Wein, wie beispielsweise ein Grüner Veltliner, an.

SERVIERTIP Im Winter können Sie diese Kressesuppe heiß, im Sommer gut gekühlt mit Toast reichen.

Als Getränk wählt man am besten einen Riesling aus dem Badischen oder aus Frankreich.

Brunnenkressesuppe

Irland

Eine Suppe, die jedem gelingt und alle erfreut: Sahne, Milch und Butter machen sie samtig und fein, Brunnenkresse, Sellerie und Zitronenschale sorgen für das typisch irische Aroma.

ZUTATEN

(Für 4 Portionen)

- 1 unbehandelte Zitrone
- 2 Stangen Sellerie (siehe Zutatentip)
- 300 ml Milch
- 100 ml Schlagsahne
- 40 g Butter
- 2 gestrichene EL Mehl
- ½ l Brühe (siehe Zutatentip)
- 100 g Brunnenkresse
- 50 g gemahlene Mandeln
- Salz, weißer Pfeffer

Zutatentip

- Man nimmt für diese Suppe nur das Sellerieherz, die inneren zartgelben Stangen mit den feinen Blättchen.
- Bei der Brühe können Sie nach Ihren Vorlieben wählen.

1 Die Zitrone heiß abwaschen und trockenreiben. Die Schale als Spirale mit einem Sparschäler dünn abschneiden. Den Sellerie waschen, trockentupfen und fein hacken.

2 Die Milch und die Sahne in einen Topf geben. Die Zitronenschale und den Sellerie hinzufügen. Aufkochen und etwa 5 Minuten köcheln lassen. Von der Kochstelle nehmen und 30 Minuten ziehen lassen.

3 Die Butter in einem Topf zerlassen. Das Mehl einrühren. Unter ständigem Rühren die Brühe langsam zugießen und alles glattrühren. Die Suppe zugedeckt bei schwacher Hitze 10 Minuten köcheln lassen. Die Kresseblättchen von den Stielen zupfen, abbrausen, trockentupfen und grob hacken.

4 Die Zitronenschale aus der Milch-Sahne-Mischung entfernen. Dann die Mandeln und die Milch-Sahne-Mischung in die Suppe rühren und einmal aufkochen lassen. Zuletzt die Brunnenkresse daruntermischen. Dann die Suppe mit Salz und Pfeffer abschmecken.

Schritt 1

Schritt 3

Schritt 4

Zubereiten **50** Min.
Pro Portion: 295 kcal/1234 kJ; 11 g EW; 23 g F; 11 g KH

Typisch irisch

Einfache Gerichte prägen die irische Küche nicht nur im häuslichen Bereich. Auch in den unzähligen Pubs setzt man auf Bodenständiges. Vor allem aus gartenfrischem Gemüse, aber auch aus Wildkräutern bereiten die Gastwirte herzhafte Eintöpfe und feine Suppen zu.

PELLKARTOFFELN MIT FRÜHLINGSQUARK

DEUTSCHLAND

ZUTATEN
(Für 4 Portionen)

- 2 kg kleine neue Kartoffeln
- 1 EL Kümmel
- 1 TL grobes Meersalz

FÜR DEN QUARK

- 400 g gemischtes Gemüse (siehe Zutatentip)
- 1 Handvoll gemischte Kräuter
- 200 g Doppelrahm-frischkäse
- 3 EL Milch
- 250 g Magerquark
- Salz, weißer Pfeffer
- 1 Prise Zucker
- 2 EL Leinöl

ZUTATENTIP

Besonders gut schmecken im Frühling süße Bundmöhren, knackige Radieschen, zarter Kohlrabi und frische Gurke.

Wenn der Winter endlich geht, ist Frisches, Leichtes angesagt. Dann machen neue Kartoffeln mit sahnigem Quark, viel Gemüse und Kräutern auch kulinarisch Lust auf den Frühling.

1 Die Kartoffeln gründlich bürsten und unter Wasser abspülen. Mit wenig Wasser, Kümmel und Meersalz in einen Topf geben und zum Kochen bringen. Zugedeckt bei schwacher Hitze in etwa 20 Minuten weich kochen.

2 Inzwischen das Gemüse putzen und waschen. Die Möhren und den Kohlrabi fein raspeln. Die Radieschen und die Gurke fein würfeln. Die Kräuter abbrausen, trockenschütteln und ohne grobe Stiele fein hacken.

3 Den Frischkäse mit der Milch glattrühren, dann den Quark unterrühren. Mit Salz, Pfeffer und Zucker würzen. Das Gemüse und die Kräuter daruntermischen. Den Quark abschmecken, in eine Schale füllen und dann mit dem Leinöl gleichmäßig beträufeln.

4 Die Kartoffeln in ein Sieb abgießen und etwas ausdämpfen lassen. Ungeschält auf großen, vorgewärmten Tellern anrichten und den Quark dazu servieren.

Schritt 1

Schritt 2

Schritt 3

Zubereiten **25** Min.
Pro Portion: 705 kcal/2950 kJ; 28 g EW; 23 g F; 96 g KH

TYPISCH DEUTSCH

Kartoffeln spielen in der deutschen Küche nach wie vor eine große Rolle – wenn auch vermehrt in Form von Pommes frites, Kartoffelchips und anderen Fertigprodukten. Die besten Kartoffeln stammen angeblich aus Niederbayern und der Pfalz. Doch dies ist wie bei anderen Produkten eine Geschmacksfrage.

Kochtip

- Pikanter Quark schmeckt mit einer Prise Zucker »runder«, weil die Säure im Quark abgemildert wird.
- Bei Frühkartoffeln spielt der Kochtyp noch keine Rolle. Denn wirklich mehlige Sorten kommen erst Mitte August auf den Markt. Bis dahin werden in der Regel nur festkochende Kartoffelsorten angeboten.

Serviertip

Eine selbstgemachte Tomatensuppe mit viel Basilikum vorab ist eine gesunde Ergänzung zu den Pellkartoffeln mit Quark.

Das passende Frühjahrsgetränk: frisch gepreßter Frucht- oder Gemüsesaft, aber auch Buttermilch.

SCHMORGURKEN MIT KERBEL

DEUTSCHLAND

Wenn Sie Gurken bisher nur als Salat kennen, sollten Sie dieses Gemüse unbedingt probieren: knackig auf den Punkt gegart, angerichtet in sahniger Sauce mit einem Hauch von Anis.

ZUTATEN
(Für 4 Portionen)

- 750 g Schmorgurken (siehe Zutatentip)
- 1 große Zwiebel
- 1 Knoblauchzehe
- 2 EL Butterschmalz
- 1 TL Mehl
- ⅛ l Brühe
- 2 EL Zitronensaft
- Salz, weißer Pfeffer
- 1 Handvoll Kerbel
- 100 g saure Sahne

ZUTATENTIP
Schmorgurken vertragen viel Würze. Kerbel ist mit seinen interessanten Geschmacksnuancen für dieses zarte Gemüse ideal. Zur Abwechslung können Sie auch frisch gezogene Senfsprossen oder Gartenkresse nehmen.

1 Die Schmorgurken schälen, längs halbieren und die Kerne mit einem Löffel herauskratzen (siehe Kochtip). Die Hälften in dünne Scheiben schneiden. Die Zwiebel und den Knoblauch schälen und fein würfeln.

Schritt 1

2 Das Butterschmalz in einem Topf erhitzen. Die Zwiebel und den Knoblauch darin unter Rühren glasig werden lassen.

3 Die Gurken hinzufügen und mit dem Mehl bestreuen. Unter Rühren etwa 1 Minute schmoren lassen. Die Brühe, den Zitronensaft sowie Salz und Pfeffer dazugeben. Alles einmal aufkochen, dann die Gurken zugedeckt 5 Minuten schmoren lassen.

Schritt 3

4 Den Kerbel abbrausen, trockentupfen und fein hacken. Die saure Sahne unter die Gurken mischen. Das Gemüse mit Salz und Pfeffer abschmecken. Die Sauce bei starker Hitze sämig einkochen lassen. Dann den Kerbel darüberstreuen und sofort servieren.

Schritt 4

Zubereiten 30 Min.
Pro Portion: 135 kcal/565 kJ;
3 g EW; 11 g F; 6 g KH

TYPISCH DEUTSCH
In den Sommermonaten bis zum Herbst findet man die kleinen hellgrünen Gemüsegurken mit der körnigen Schale in Hülle und Fülle auf deutschen Wochenmärkten. Klassisch werden sie gekocht oder geschmort serviert. Man kann Sie aber auch füllen oder mit frischen Dillzweigen und Senfkörnern in Essig einlegen.

KOCHTIP

Dicke Schmorgurken enthalten häufig Bitterstoffe. Deshalb immer vom Blütenansatz zum Stiel hin schälen und ein Stückchen Fruchtfleisch vom unteren Ende probieren. Die Gurken dann erst der Länge nach halbieren und vor dem Aufschneiden die Kerne entfernen – sonst kann die Sauce wässrig werden.

SERVIERTIP

Schmorgurken sind eine feine Beilage zu Frikadellen, Bratwürsten, Kartoffelpuffern oder gebratenen Polentaschnitten.

Als Getränk empfiehlt sich ein helles Weizenbier oder ein gut gekühltes frisch-herbes Pils.

SCHWAMMERLGULASCH MIT KNÖDELN

ÖSTERREICH

Bei Pilzen sind die Österreicher wahre Feinschmecker: Nur gute Butter, viel Sahne und frische Petersilie gehören dazu. Und natürlich lockere Knödel zum Auftunken der Sauce.

ZUTATEN
(Für 4 Portionen)

FÜR DIE KNÖDEL

- 10 altbackene Brötchen
- Salz, ¼ l lauwarme Milch
- 1 Zwiebel
- 1 EL Butter
- 4 Eier, 1 EL Mehl
- 1 Prise geriebene Muskatnuß

FÜR DAS SCHWAMMERLGULASCH

- 1 kg gemischte Waldpilze (siehe Zutatentip)
- 1 kleine Zwiebel
- 1 Bund Petersilie
- 2 EL Butter, 1 EL Mehl
- 250 g Schlagsahne
- Salz, weißer Pfeffer
- 1 EL Zitronensaft

ZUTATENTIP

Pfifferlinge, Steinpilze, Maronen und Hallimasch sind im Spätherbst auf den meisten Wochenmärkten erhältlich.

1 Die Brötchen in dünne Scheiben schneiden, salzen und mit der Milch übergießen. Die Zwiebel schälen und würfeln. Die Butter erhitzen und die Zwiebel darin anbraten Die Eier verquirlen und mit dem Mehl, der Zwiebel und dem Muskat unter die Semmelmasse mischen. Dann 10 Minuten ruhen lassen.

2 In einem großen Topf reichlich Salzwasser zum Kochen bringen. Aus dem Teig Knödel formen und im leicht siedenden Wasser etwa 20 Minuten gar ziehen lassen.

3 Inzwischen die Pilze putzen und zerkleinern (siehe Kochtip). Dann die Zwiebel schälen und würfeln. Die Petersilie waschen, trockenschütteln und ohne grobe Stiele fein hacken. Die Butter erhitzen. Die Zwiebel darin glasig werden lassen. ⅔ der Petersilie und die Pilze dazugeben. Bei starker Hitze unter ständigem Rühren 2 Minuten schmoren.

4 Das Mehl unterrühren, kurz anschwitzen und die Pilze zugedeckt bei schwacher Hitze 5 Minuten garen. Die Sahne dazugießen und einmal aufkochen lassen. Mit Salz, Pfeffer und Zitronensaft abschmecken. Das Gulasch mit den Knödeln anrichten und mit der restlichen Petersilie bestreut servieren.

Schritt 3

Schritt 3

Schritt 4

Zubereiten **50** Min. Garen **10** Min.
Pro Portion: 685 kcal/2867 kJ;
6 g EW; 25 g F; 9 g KH

TYPISCH ÖSTERREICHISCH

Nicht nur an warmen Sommertagen sind die Heurigenlokale in und um Wien ein beliebter Treffpunkt für Einheimische und Touristen. Hier wird getrunken und geschmaust – am liebsten natürlich die typisch österreichischen Gerichte, wie zum Beispiel ein Schwammerlgulasch mit viel Rahm in der Pilzsaison.

Kochtip

Sie sollten frische Waldpilze immer nur sehr gründlich putzen, aber nicht waschen, denn dabei verlieren sie an Aroma. Anders als Steinpilze oder Champignons schneidet man Pfifferlinge nicht in Scheiben oder blättrig, sondern zerkleinert große Exemplare gerade mal so, daß alle Pilze gleichmäßig garen.

Serviertip

Zum Schwammerlgulasch einen buntgemischten Salat mit geraspelten Möhren, Tomaten- und Gurkenscheiben reichen.

Dazu schmeckt ein kühles Pils oder ein Glas Grüner Veltliner am besten.

KRÄUTERWÄHE MIT EIERSAHNE

SCHWEIZ

ZUTATEN
(Für 1 Springform, 26 cm Ø)

FÜR DEN TEIG
- 125 g Butter
- 200 g Mehl, Salz

FÜR DEN BELAG
- 1 Zwiebel
- 1 TL Öl
- 2 Knoblauchzehen
- 100 g gemischte Kräuter (siehe Zutatentip)
- 3 Eier, 2 Eigelbe
- 300 g saure Sahne
- Salz, weißer Pfeffer
- 1 Msp. Cayennepfeffer

ZUTATENTIP
Am besten schmecken Petersilie, Rucola und Kerbel mit etwas Thymian und Basilikum auf der Wähe. Wenn Sie nicht so viele verschiedene Kräuter bekommen, ergänzen Sie sie mit jungem Blattspinat.

Für Gäste nur das Beste: Frische Kräuter zaubern ein wahres Feuerwerk von Geschmacksnuancen auf den knusprigen Teigboden, Sahne und Eier sorgen für herzhafte Sättigung.

1 Die Butter in kleine Stücke schneiden. Mit dem Mehl, Salz und 3-4 EL kaltem Wasser zu einem glatten Teig verkneten. Die Springform damit auskleiden. Dabei einen Rand von etwa 3 cm hochdrücken. Den Teigboden mit einer Gabel mehrmals einstechen. Zugedeckt 1 Stunde kühl stellen.

Schritt 1

2 Den Backofen auf 200 °C vorheizen. Die Zwiebel schälen und fein würfeln. Das Öl erhitzen. Die Zwiebel darin glasig werden lassen. Anschließend in eine Schüssel geben. Den Knoblauch schälen und dazupressen.

Schritt 3

3 Die Kräuter abbrausen und trockenschütteln. Die Blättchen abzupfen und fein hacken. Die Eier, die Eigelbe und die saure Sahne verquirlen. Das Zwiebel-Knoblauch-Gemisch und die Kräuter hinzufügen. Mit Salz, Pfeffer und Cayennepfeffer kräftig würzen. Dann alles gründlich verrühren.

Schritt 4

4 Die Kräutermasse mit einem Schöpflöffel gleichmäßig auf dem Teig verteilen. Die Wähe im heißen Ofen (Gas 3-4; Umluft 180 °C) auf der mittleren Schiene 40 Minuten backen, bis sie goldgelb gebräunt ist.

Zubereiten **30** Min.
Ruhen **1** Std.
Backen **40** Min.
Pro Stück (12 Stücke):
245 kcal/1025 kJ;
5 g EW; 19 g F; 13 g KH

TYPISCH SCHWEIZERISCH
In der Schweizer Bergwelt treffen nicht nur drei Landessprachen, sondern auch drei kulinarische Gegensätze zusammen. Sie verbinden sich häufig harmonisch zu Schweizer Nationalgerichten wie der Wähe, die sozusagen eine Kombination aus deutschem Kuchen, italienischer Pizza und französischer Quiche ist.

Kochtip

- Die Wähe läßt sich gut vorbereiten und paßt ideal zum Aperitif. Auf einem rechteckigen Backblech statt in der Form backen und in kleine Rauten schneiden.
- Die Kräuterstiele sollten Sie für die Wähe nicht verwenden, denn sie bleiben in der Füllung hart, lieber zum Kochen von Fleisch- oder Fischbrühe nehmen.

Serviertip

Als leichtes Dessert sollten Sie nach der Wähe frische halbierte Erdbeeren mit Minzeblättchen und einer Joghurtsauce reichen.

Als Getränk eignet sich ein trockener Schweizer Weißwein wie der Fendant.

WILDKRÄUTERSALAT 3 x ANDERS

Die Wilden von der Wiese enthalten eine Menge Vitamine und Mineralstoffe. Feinschmecker schätzen ihr kräftiges Aroma.

LÖWENZAHN MIT SPECKWÜRFELN

Zubereiten **30** Min.

DEUTSCHLAND

(FÜR 4 PORTIONEN)

- **300 g Löwenzahn**
- **1 kleine Zwiebel**
- **100 g durchwachsener Räucherspeck**
- **1 EL Sonnenblumenöl**
- **5 EL Brühe**
- **3 EL Kräuteressig**
- **1 TL scharfer Senf**
- **1 Prise Zucker**
- **Salz, schwarzer Pfeffer**

1 Die Löwenzahnblätter verlesen, gründlich abbrausen und trockenschütteln. Die Zwiebel schälen und fein würfeln.

2 Den Speck von Schwarte und Knorpeln befreien. Dann in kleine Würfel schneiden. Das Öl in einer Pfanne erhitzen. Den Speck darin ausbraten. Mit der Brühe und dem Essig ablöschen. Den Bratensatz unter Rühren loskochen.

3 Die Pfanne von der Kochstelle ziehen. Zuerst den Senf, den Zucker sowie Salz und Pfeffer unterrühren, dann die Zwiebel hinzufügen.

4 Den Löwenzahn mit der Sauce vermischen. Zugedeckt bei Zimmertemperatur etwa 10 Minuten ziehen lassen.

BRUNNENKRESSE

Zubereiten

GROSSBRITANNIEN

(FÜR 4 PORTIONEN)

- **2 EL Aceto balsamico**
- **2 TL Himbeeressig**
- **1 EL scharfer Senf**
- **Salz, schwarzer Pfeffer**
- **8 EL Olivenöl**

FÜR DEN SALAT

- **2 mittelgroße Pastinaken**
- **½ Romanasalat**
- **100 g Brunnenkresse**

1 Den Aceto balsamico und den Himbeeressig mit dem Senf, Salz und Pfeffer verrühren. Dann das Öl unterschlagen.

2 Die Pastinaken ganz dünn schälen, kurz abbrausen und in etwa fingerdicke Schei-

MIT PASTINAKEN

45 Min.

ben schneiden. Wenig Salzwasser zum Kochen bringen und die Pastinaken darin etwa 5 Minuten weich garen. In einem Sieb abtropfen lassen. Dann mit etwa ⅔ des Dressings vermischen. Beiseite stellen und abkühlen lassen.

3 Den Salat putzen, waschen und trockenschleudern. In mundgerechte Stücke teilen. Eine Platte damit auslegen. Die Brunnenkresse gut abbrausen, trockenschütteln und die Blättchen von den Stielen zupfen

4 Die Pastinaken auf den Salat legen. Die Brunnenkresse darüberstreuen Mit dem restlichen Dressing beträufeln.

WILDKRÄUTER MIT ENTENBRUST

Zubereiten **40** Min. Braten **30** Min.

FRANKREICH

(FÜR 4 PORTIONEN)

- **1 Flugentenbrust ohne Knochen (ca. 300 g)**
- **Salz, schwarzer Pfeffer**
- **1 EL Sonnenblumenöl**
- **4 Kopfsalatblätter**
- **1 Bund Rucola**
- **100 g gemischte frische Wildkräuter**

FÜR DAS DRESSING

- **2 EL Estragonessig**
- **1 TL körniger Senf**
- **1 Prise Zucker**
- **1 kleine Knoblauchzehe**
- **4 EL Sonnenblumenöl**
- **2 EL Walnußöl**

1 Die Entenbrust rundherum mit Salz und Pfeffer einreiben. Das Öl in einer Pfanne erhitzen. Die Entenbrust mit der Hautseite nach unten darin bei starker Hitze etwa 3 Minuten anbraten. Das Fleisch wenden. Zugedeckt bei schwacher Hitze 20 Minuten schmoren. Herausnehmen, in Alufolie wickeln und 10 Minuten ruhen lassen.

2 Die Salatblätter, den Rucola und die Kräuter abbrausen und trockenschütteln. Dann in mundgerechte Stücke teilen beziehungsweise grob hacken.

3 Den Essig mit dem Senf, dem Zucker, Salz und Pfeffer verrühren. Den Knoblauch schälen und dazupressen. Dann das Sonnenblumen- und das Walnußöl kräftig unterschlagen.

4 Salat, Rucola und Kräuter mit dem Dressing anmachen und auf vier Tellern verteilen. Die Entenbrust schräg in sehr dünne Scheiben schneiden. Auf dem Salat anrichten und dann sofort servieren.

Ungarische Paprika-Kartoffeln

UNGARN

Preiswert, im Nu zubereitet und köstlich – Kartoffeln mit knackigen Schoten, süßem Paprikapulver und sonnengereiften Tomaten gehören in Ungarn zu deftiger Hausmannskost.

ZUTATEN
(Für 4 Portionen)

- 1 kg vorwiegend festkochende Kartoffeln (siehe Kochtip)
- 1 große Zwiebel
- 2 EL Schweineschmalz
- 1 EL edelsüßes Paprikapulver
- 400 ml Brühe
- je 1 rote und grüne Paprikaschote
- 2 Tomaten
- Salz, schwarzer Pfeffer
- ½ Bund Dill
- 2 EL saure Sahne (siehe Zutatentip)

Zutatentip

Saure Sahne ist typisch für die ungarische Küche. Wenn Sie die Kartoffeln etwas deftiger mögen, können Sie auch Crème fraîche nehmen.

1 Die Kartoffeln schälen, waschen und in 3 cm große Würfel schneiden. Die Zwiebel schälen und fein würfeln.

2 Das Schweineschmalz in einem Topf erhitzen. Die Zwiebel darin glasig werden lassen. Die Kartoffeln hinzufügen. Dann das Paprikapulver unterrühren und die Brühe angießen. Die Kartoffeln aufkochen und zugedeckt bei mittlerer Hitze 10 Minuten köcheln.

Schritt 2

3 Inzwischen die Paprikaschoten halbieren, von Stielansatz sowie Samensträngen befreien, waschen und in Streifen schneiden. Die Tomaten kurz blanchieren, enthäuten und achteln, dabei den Stielansatz entfernen.

Schritt 3

4 Die Paprikastreifen und die Tomaten unter die Kartoffeln mischen. Mit Salz und Pfeffer kräftig würzen. Dann etwa 15 Minuten weitergaren, bis die Kartoffeln gar sind.

Schritt 4

5 Inzwischen den Dill abbrausen, trockenschütteln und ohne grobe Stiele fein zerkleinern. Die saure Sahne unter die Kartoffeln rühren und alles nochmals kurz erhitzen. Mit dem Dill bestreuen und heiß servieren.

Zubereiten **10** Min. Garen **30** Min.
Pro Portion: 290 kcal/1213 kJ;
7 g EW; 8 g F; 47 g KH

Typisch ungarisch

Vor allem im Osten Ungarns findet man auf den Märkten jede Menge Töpferwaren, die mit traditionellen Ornamenten und Blumenmustern verziert sind. Schlicht und phantasievoll wie die Keramik ist auch die regionale Küche, in der aus einfachen Zutaten im Handumdrehen viele schmackhafte Mahlzeiten entstehen

Kochtip

Bei den Kartoffeln ist der Kochtyp wichtig. Es sollten vorwiegend festkochende Knollen, wie die frühe Sorte »Arnika«, die Sommerkartoffeln »Granola« oder »Roxy«, sein, damit sie in der Sauce nicht zerfallen und trotzdem genug Stärke abgeben. Dann verbindet sich die saure Sahne mit der Sauce und wird nicht flockig.

Serviertip

Die Ungarn servieren zu den Paprika-Kartoffeln heiße Knackwürste oder Debrecziner und helles Weizenbrot.

Zu trinken gibt es ein kühles, frischgezapftes Bier oder einen kräftigen Rotwein.

GEMÜSESALAT »VINEGRET«

RUSSLAND

»Vinegret« heißt dieser Salat im Original und verrät so seine französische Herkunft. Die feine Mischung aus Gemüse, Salzgurken und Fleisch gehört zur russischen Vorspeisentafel.

ZUTATEN
(Für 4 Portionen)

- 300 g kleine festkochende Kartoffeln
- 2 kleine rote Beten
- 2 Möhren
- 200 g frische Erbsen in der Hülse (Palerbsen)
- 1 kleine Zwiebel
- 100 g gegarter Rinder- oder Schweinebraten
- 2 Salzgurken (siehe Zutatentip)
- 1 Bund Dill
- 1 EL Apfelessig
- 2 EL Sonnenblumenöl
- Salz

ZUTATENTIP

Salzgurken sind typisch für russische Salate und kalte Suppen. Es gibt sie auch bei uns wie Gewürzgurken eingelegt in Gläsern. Eine Alternative ist frisches, fein geschnittenes Sauerkraut.

1 Die Kartoffeln und die roten Beten gründlich waschen und in einem Topf mit wenig Wasser zugedeckt in etwa 20 Minuten garen. Kalt abschrecken, schälen, abkühlen lassen und in kleine Würfel schneiden.

2 Die Möhren schälen und in wenig Wasser bißfest kochen. Ebenfalls abkühlen lassen, dann in dünne Scheiben schneiden.

3 Die Erbsen aus den Hülsen palen. Abbrausen und in wenig kochendem Salzwasser einmal aufkochen, dann 5 Minuten köcheln und anschließend abtropfen lassen.

4 Die Zwiebel schälen und fein würfeln. Das Fleisch ebenfalls kleinwürfeln. Die Salzgurken abtropfen lassen und in feine Scheiben schneiden. Den Dill abbrausen und trockenschütteln. Die zarten Zweige abzupfen und grob hacken.

5 Die Kartoffeln mit den roten Beten, den Möhren, den Erbsen, der Zwiebel, dem Fleisch, den Salzgurken, dem Dill, dem Essig und dem Öl gut vermischen. Dann mit Salz abschmecken. Zugedeckt an einem kühlen Ort etwa 1 Stunde durchziehen lassen.

Schritt 1

Schritt 2

Schritt 5

Zubereiten **30** Min.
Garen **45** Min.
Marinieren **1** Std.
Pro Portion: 220 kcal/920 kJ; 9 g EW; 10 g F; 23 g KH

TYPISCH RUSSISCH

Eine typische Zeremonie wie der »5-Uhr-Tee« für die Briten, ist für die Russen die »Sasuska«, ein üppig gedeckter Vorspeisentisch. Auf ihm werden alle nur erdenklichen Kleinigkeiten angerichtet und liebevoll dekoriert. Diese Happen sollen nicht sättigen, sondern nur den Appetit für die folgenden Gerichte anregen.

KOCHTIP

- Nehmen Sie zum Schälen von gekochten roten Beten am besten einen Sparschäler.
- Wenn Sie rote Beten zubereiten, sollten Sie immer eine Schürze und Küchenhandschuhe tragen, da ihr Saft Farbpigmente enthält, die sich nur schwer wieder von Haut und Textilien entfernen lassen.

SERVIERTIP

Dunkles Schwarzbrot mit Butter oder frisch gerösteter Toast passen besonders gut zu diesem russischen Gemüsesalat.

Das typische Getränk ist eisgekühlter Wodka. Natürlich bietet sich auch Gemüsesaft an.

SERVIERTIP Reichen Sie die Teigtäschchen lauwarm oder kalt als Partygebäck oder Snack zu Wein.

Bieten Sie dazu einen kräftigen russischen oder ostfriesischen Tee mit Kandiszucker an.

Teigtäschchen mit Kräuterfüllung

Russland

ZUTATEN
(Für 4 Portionen)

- 250 g Mehl
- 1 Prise Salz
- 50 g weiche Butter

FÜR DIE FÜLLUNG
- 500 g mehligkochende Kartoffeln
- 1 Bund Frühlingszwiebeln
- 1 EL Öl
- 1 Ei
- Salz, schwarzer Pfeffer
- 1 Bund gemischte Kräuter (siehe Zutatentip)

AUSSERDEM
- 500 g Öl oder Kokosfett zum Fritieren

Zutatentip
Gemischte Wildkräuter sind besonders aromatisch. Der Bund enthält meist Löwenzahn, Bärlauch, Sauerampfer, Rucola, Kerbel und Petersilie.

Delikate Häppchen aus dem Land der ehemaligen Seidenstraße. In der knusprig fritierten Teighülle steckt eine würzige Füllung aus Kartoffeln, Lauchzwiebeln und Kräutern.

1 Das Mehl mit dem Salz, 100 ml lauwarmem Wasser und der Butter zu einem glatten Teig verkneten. Dann den Teig in Frischhaltefolie wickeln und etwa 50 Minuten bei Zimmertemperatur ruhen lassen.

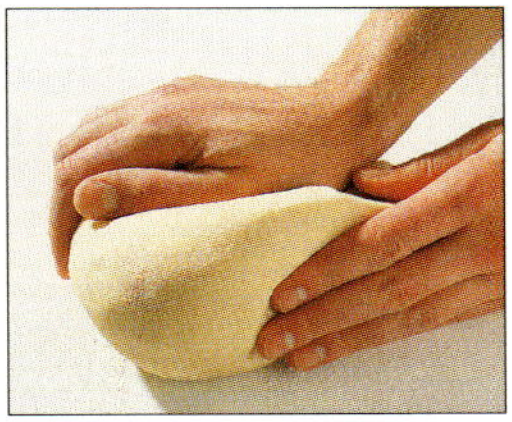

Schritt 1

2 Die Kartoffeln schälen, waschen und kleinwürfeln. In wenig Wasser garen. Die Frühlingszwiebeln putzen, waschen und in feine Ringe schneiden. Das Öl erhitzen. Die Frühlingszwiebeln darin weich dünsten.

3 Die Kartoffeln abgießen und fein zerdrücken. Mit den Frühlingszwiebeln, dem Ei, Salz und Pfeffer verrühren. Die Kräuter abbrausen, trockenschütteln und fein hacken. Unter die Kartoffelmasse mischen.

Schritt 3

4 Den Teig in 2 Portionen teilen und jeweils auf Mehl dünn ausrollen. Dann zu Quadraten von 8 x 8 cm schneiden. Auf jedes Quadrat 1 Teelöffel Füllung setzen und die Teigecken zur Mitte hin einmal umschlagen. Zwei Finger in kaltes Wasser tauchen und die Teigränder fest zusammendrücken.

Schritt 4

5 Das Fett erhitzen. Die Teigtäschchen darin portionsweise 5 Minuten goldbraun fritieren. Auf Küchenpapier abtropfen lassen.

Zubereiten **50** Min.
Ruhen **50** Min.
Fritieren **20** Min.
Pro Portion: 570 kcal/2385 kJ; 12 g EW; 28 g F; 67 g KH

Typisch russisch
Die Küche an der Nahtstelle von Europa und Asien haben Völker geprägt, die im Laufe der Zeit als Herrscher oder Händler kamen. Pilaw haben die Türken gebracht, kalte Suppen die Russen, süßes Gebäck die Perser und unzählige Obstsorten, wie Melonen, die Araber.

Orientalische Falafel

Libanon

Die knusprig fritierten Kichererbsenbällchen sind überall im Orient ein beliebter Snack. Kreuzkümmel und Harissa, eine scharfe Paste mit Chilis, verleihen ihnen die raffinierte Note.

ZUTATEN

(Für 4 Portionen)

- 500 g Kichererbsen
- 1 rote Zwiebel
- 2 Knoblauchzehen
- 1 TL Harissa
- ½ TL Kreuzkümmel (siehe Zutatentip)
- ¼ TL gemahlener Koriander
- 1 TL Salz

AUSSERDEM

- 500 ml Öl zum Fritieren

Zutatentip

Kreuzkümmel ist mit unserem Kümmel verwandt. Er schmeckt jedoch sanfter und eine Spur nach Koriander. Zu kaufen gibt es ihn als Pulver und ganze Samen. Am besten würzen Sie mit den frisch im Mörser zerkleinerten Samen.

1 Die Kichererbsen 12 Stunden in reichlich Wasser einweichen. Dann in ein Sieb gießen, gut abtropfen lassen und pürieren.

2 Die Zwiebel und den Knoblauch schälen, fein würfeln und zum Kichererbsenpüree geben. Harissa, Kreuzkümmel, Koriander und Salz hinzufügen. Dann alles zu einem formbaren Teig vermischen und zugedeckt an einem warmen Ort etwa 45 Minuten ruhen lassen (siehe Kochtip).

3 Den Teig noch einmal gut durchmischen. Mit angefeuchteten Händen aus dem Teig walnußgroße Bällchen formen. Die Bällchen weitere 15 Minuten ruhen lassen.

4 Das Öl in einem hohen Topf erhitzen, bis an einem hineingehaltenem Kochlöffelstiel aus Holz kleine Bläschen aufsteigen. Jeweils 6 Bällchen in einer Schaumkelle darin etwa 5 Minuten goldbraun fritieren, dabei ab und zu hin und her rütteln, damit sie rundherum gleichmäßig bräunen. Dann die Falafel auf Küchenpapier gut abtropfen lassen.

Schritt 1

Schritt 3

Schritt 4

Einweichen **12** Std.
Zubereiten **30** Min. Ruhen **1** Std.
Fritieren **30** Min.
Pro Portion: 390 kcal/1632 kJ;
15 g EW; 16 g F; 47 g KH

Typisch libanesisch

Die Küche des Vorderen Orients bietet vor allem Vegetariern eine ungewöhnlich große Auswahl an verschiedenen Gerichten. Kichererbsen, Weizenschrot, Auberginen und Tomaten werden mit frischen Kräutern und Gewürzmischungen in vielen Geschmacksrichtungen zubereitet und gerne miteinander kombiniert.

Kochtip

- Rascher geht es mit einer fertigen Falafelmischung, die Sie in türkischen Läden bekommen. Damit sparen Sie die lange Zeit fürs Einweichen der Kichererbsen.
- Aus dem Teig können Sie auch flache Frikadellen formen und diese in einer Pfanne mit etwas Fett braten – mit Salat ein vegetarisches Hauptgericht.

Serviertip

Falafel legt man mit Salatblättern in aufgeschnittenes Pita- oder Fladenbrot und serviert dazu würziges Tsatsiki.

Bier, Fruchtsaft und Mineralwasser passen so gut wie ein landestypischer Tamarindensaft.

Persisches Omelett mit Kräutern

Iran

»Coucou Sabzi« ist eine Art Omelett mit Gemüse und Kräutern, zum Beispiel mit Spinat, Petersilie und Zwiebelgrün wie hier. Beliebt sind auch Tomaten, Auberginen oder Kartoffeln.

ZUTATEN
(Für 4 Portionen)

- 200 g Blattspinat
- 3 Frühlingszwiebeln (siehe Zutatentip)
- je 1 Bund Petersilie, Dill und Minze
- 6 Eier
- 1 TL Mehl
- Salz, weißer Pfeffer
- 4 EL Öl

Zutatentip

Für das Omelett verwendet man nur das Zwiebelgrün. Mit den weißen Teilen können Sie eine kalte Sauce als Beilage zubereiten:
Dafür die Zwiebelstücke fein zerkleinern und mit 300 g Joghurt verrühren. 1 Knoblauchzehe schälen und dazupressen. Dann die Joghurt-Zwiebel-Sauce mit Salz und Pfeffer kräftig abschmecken.

1 Den Spinat verlesen, waschen und tropfnaß in einen Topf geben. Zugedeckt bei starker Hitze heiß werden und zusammenfallen lassen, dann herausnehmen und etwas abkühlen lassen. Mit den Händen gut ausdrücken und mit einem Messer fein hacken.

Schritt 1

2 Die saftigen grünen Teil der Frühlingszwiebeln abschneiden, abbrausen und in ganz feine Ringe schneiden. Die Kräuter ebenfalls abbrausen und trockenschütteln. Die Blättchen abzupfen und fein hacken.

Schritt 2

3 Die Eier mit dem Mehl, Salz und Pfeffer verquirlen. Den Spinat, das Zwiebelgrün und die Kräuter daruntermischen.

4 Das Öl in einer großen Pfanne erhitzen (siehe Kochtip). Die Eier-Kräuter-Masse bei schwacher Hitze auf der Unterseite etwa 5 Minuten darin braten, bis sie sich leicht vom Pfannenboden löst.

5 Das Omelett mit einem Pfannenmesser wie eine Torte in vier Stücke schneiden, die Stücke wenden und auf der Unterseite weitere 4 Minuten braten. Heiß servieren.

Schritt 5

Zubereiten **20** Min. Braten **10** Min.
Pro Portion: 210 kcal/879 kJ;
14 g EW; 16 g F; 3 g KH

Typisch iranisch

Charakteristisch für den Iran sind Häuser aus Lehm, die ihre Bewohner vor Hitze und Kälte gleichermaßen schützen. Ihre Bauweise wurde von Generation zu Generation weitergegeben – genau wie viele traditionelle Gerichte, zu denen auch dieses Omelett mit Frühlingszwiebeln, Spinat und frischen Kräutern gehört.

Kochtip

Damit das Omelett innen weich und außen knusprig wird, brauchen Sie eine sehr große, am besten beschichtete Pfanne, die nur etwa fingerhoch mit der Eiermasse gefüllt sein sollte. Gegebenenfalls müssen Sie zwei Omeletts backen. Sobald das erste fertig ist, stellen Sie es in den auf 50 °C vorgeheizten Backofen.

Serviertip

Ein buntgemischter Salat paßt sehr gut zum Kräuteromelett. Im Iran ißt man Reis oder Fladenbrot dazu.

Typisches Getränk im Iran ist schwarzer Tee oder Mineralwasser mit Joghurt.

Hirsepilaw mit Meeresfrüchten

Israel

Eine raffinierte Variante des klassischen Pilaws. Zartes aus dem Meer, umhüllt von körniger Hirse, abgeschmeckt mit den Gewürzen des Orients und dabei von köstlicher Leichtigkeit.

Zutaten
(Für 6 Portionen)

- 250 g küchenfertiger Tintenfisch
- 1 Bund Suppengrün
- 4-5 EL Zitronensaft
- 1 Tütchen Safranfäden
- 250 g Goldbarsch- oder Heilbuttfilet
- 2 Schalotten
- 3 EL Öl
- Salz, weißer Pfeffer
- ½ TL gemahlenes Piment
- 1 TL gemahlene Kurkuma
- 250 g Hirse
- 100 g Tiefseegarnelen (siehe Zutatentip)

Ausserdem

- einige Minzeblättchen

Zutatentip

Pinkfarbene Tiefseegarnelen sind preiswerter als die kleineren Nordseekrabben.

1 Den Tintenfisch abbrausen. Das Suppengrün putzen, waschen und grob zerkleinern. Mit ½ l Wasser und 3 EL Zitronensaft aufkochen. Die Tintenfische darin zugedeckt bei schwacher Hitze 3 Minuten ziehen lassen. Herausholen und kurz abkühlen lassen, dann in 1 cm breite Stücke schneiden.

2 Ein Sieb mit einem Küchentuch auslegen. Den Tintenfischsud hineingießen und auffangen. Alle festen Teile im Sieb wegwerfen. Die Safranfäden zwischen den Fingern zerreiben und im Sud auflösen.

3 Das Fischfilet in etwa 2 cm große Stücke schneiden und mit Zitronensaft beträufeln. Die Schalotten schälen und fein würfeln. Das Öl erhitzen. Die Schalotten darin glasig werden lassen. Dann Salz, Pfeffer, Piment, Kurkuma und 125 g Hirse daruntermischen.

4 Die Garnelen, den Tintenfisch und den Fisch auf der Hirse verteilen. Mit dem restlichen Zitronensaft, Salz und Pfeffer würzen. Dann mit der restlichen Hirse abdecken. Den Sud darübergießen, alles zum Kochen bringen. Den Pilaw zugedeckt bei schwacher Hitze in 20 Minuten körnig weich garen. Mit Minzeblättchen bestreuen und heiß servieren.

Schritt 2

Schritt 3

Schritt 3

Zubereiten **25** Min. Garen **20** Min.
Pro Portion: 300 kcal/1255 kJ;
21 g EW; 10 g F; 32 g KH

Typisch israelisch

Die jüdische Kochtradition verbindet europäische und arabische Einflüsse. So ist Pilaw ursprünglich ein persisches Reisgericht, das von Nordafrika über den Nahen Osten und Osteuropa bis Mittelasien bekannt ist. In Israel wird es mit Hirse zubereitet, die bei dem heißen, trockenen Klima dort sehr gut gedeiht.

Kochtip

Den Pilaw sollten Sie im fest geschlossenen Topf garen, damit sich genügend Dampf entwickeln kann, der die Hirse schön körnig macht. Dafür am besten ein Küchentuch um den Topfdeckel wickeln, fest auf den Topf drücken und eventuell noch zusätzlich mit einem Marmorbrett oder einem Stein beschweren.

Serviertip

Traditionell ißt man zu Pilaw nur Fladenbrot. Sie können aber auch noch bunte Blattsalate mit Vinaigrette dazu reichen.

Kredenzen Sie einen kräftigen Rosé vom Mittelmeer, zum Beispiel aus der Türkei.

SERVIERTIP Reis paßt am besten zu einem Curry. Servieren Sie zur Abwechslung doch einmal Wildreis.

Trinken Sie dazu ein helles kühles Bier oder Mineralwasser mit einer Limettenscheibe.

WÜRZHÄHNCHEN IN KOKOSMILCH

KENIA

Dieses Gericht vereint die Wohlgerüche des Orients mit der großartigen Küche Indiens: zartes Fleisch in Kokossauce, fein säuerlich mit Tomaten und Zitronensaft abgeschmeckt.

ZUTATEN
(Für 4 Portionen)

- 1 Hähnchen (ca. 1¼ kg)
- Salz
- 1 große Zwiebel
- 1 rote Chilischote
- 3 cm frische Ingwerwurzel
- 2 große Fleischtomaten
- 4 EL Öl
- 1 Knoblauchzehe
- 1 TL Kreuzkümmel
- 1 TL Safranfäden (siehe Zutatentip)
- 400 g Kokosmilch (Dose)
- Saft von 1 Zitrone

AUSSERDEM

- 2 EL feingeschnittener Koriander

ZUTATENTIP

Safranfäden streut man nicht wie gemahlenen Safran über die Zutaten, sondern löst sie zuerst in etwas Brühe oder erhitztem Fett auf.

1 Das Hähnchen kalt abbrausen, sehr gut trockentupfen und mit einer Geflügelschere in 8 Stücke teilen. Die Stücke von der Haut befreien und mit Salz würzen.

2 Die Zwiebel schälen und fein würfeln. Die Chilischote putzen, waschen und in Streifen schneiden. Den Ingwer schälen und fein raspeln oder hacken. Die Tomaten kurz blanchieren, enthäuten und achteln, dabei den Stielansatz entfernen.

3 Das Öl in einer großen Pfanne erhitzen. Die Hähnchenstücke darin rundum braun anbraten und wieder herausnehmen. Die Zwiebel goldbraun anbraten. Den Knoblauch schälen und dazupressen. Die Chilischote, den Ingwer, den Kreuzkümmel und den Safran dazugeben. Die Kokosmilch, den Zitronensaft und 4 EL Wasser angießen. Alles unter Rühren einmal kräftig aufkochen lassen.

4 Die Hähnchenstücke und die Tomaten hinzufügen. Alles einmal aufkochen lassen und bei mittlerer Hitze im offenen Topf etwa 1¼ Stunden garen, bis die Kokosmilch dick eingekocht ist. Mit Salz abschmecken und mit dem Koriander bestreuen.

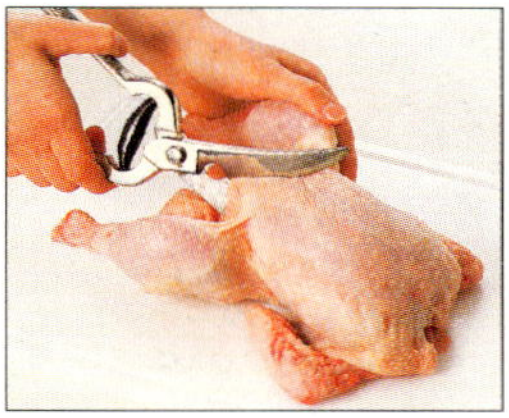

Schritt 1

Schritt 2

Schritt 4

Zubereiten **30** Min.
Garen **1** Std. **15** Min.
Pro Portion: 745 kcal/3117 kJ; 59 g EW; 53 g F; 8 g KH

TYPISCH KENIANISCH

Die Küche Kenias ist geprägt von den Sikhs, einer Bevölkerungsgruppe, die aus Nordindien stammt. Typisch sind Currygerichte, die gerne mit Tomaten gesäuert werden. Kokosmilch mildert die Schärfe. Koriander und Safran zeigen die Einflüsse arabischer Kochkunst.

TÜRKISCHE PAPRIKA-DOLMAS MIT MINZE

TÜRKEI

Dolmas – das ist Sommergemüse mit einer köstlichen Füllung aus körnigem Reis, Oliven und nussigen Pinienkernen, fein abgeschmeckt mit süßen Korinthen, Pfefferminze und Zitrone.

ZUTATEN
(Für 4 Portionen)

- 1 kleine Zwiebel
- 6 EL Olivenöl
- 100 g Langkornreis
- Salz, schwarzer Pfeffer
- 50 g Korinthen
- 8 spitze Paprikaschoten (siehe Zutatentip)
- je ½ Bund Dill und Pfefferminze
- 5 schwarze Oliven
- 50 g Pinienkerne
- 1 unbehandelte Zitrone
- ⅛ l Hühnerbrühe

ZUTATENTIP

Spitze, kleine Paprikaschoten finden Sie immer häufiger beim Gemüsehändler. Sie schmecken aromatischer als die großen grünen Schoten und werden in der Mittelmeerküche besonders gerne zum Füllen, Marinieren und zum Ausbacken verwendet.

1 Die Zwiebel schälen und fein würfeln. 1 EL Öl in einem Topf erhitzen. Die Zwiebel darin glasig werden lassen. 150 ml Wasser, den Reis, Salz und Pfeffer hinzufügen. Aufkochen und zugedeckt bei schwacher Hitze 10 Minuten garen. Die Korinthen untermischen und alles 10 Minuten quellen lassen.

Schritt 2

2 Die Paprikaschoten in kochendem Wasser 2 Minuten sprudelnd kochen. Das Wasser abgießen. Am Stielansatz der Paprikas einen Deckel abschneiden, die Scheidewände und die Kerne entfernen. Die Kräuter abbrausen, trockenschütteln und fein hacken. Die Oliven kleinschneiden, Kerne entfernen. Die Pinienkerne in 1 EL erhitztem Öl goldbraun rösten.

Schritt 2

3 Die Kräuter, die Oliven und die Pinienkerne unter den Reis mischen. Alles in die Schoten füllen. Die Paprikas dicht in einen Topf setzen, mit Öl beträufeln. Die Zitrone waschen, trockenreiben, in Scheiben schneiden und um die Paprikas legen. Diese mit den Deckeln bedecken. Brühe zugießen.

Schritt 3

4 Die Paprika-Dolmas einmal aufkochen und bei schwacher Hitze zugedeckt etwa 40 Minuten schmoren lassen, bis sie weich sind. Die Dolmas heiß oder kalt servieren.

Zubereiten **50** Min. Garen **40** Min.
Pro Portion: 370 kcal/1548 kJ;
13 g EW; 18 g F; 39 g KH

TYPISCH TÜRKISCH

Dolmas bedeutet eigentlich nur »Gefülltes«. Ebenso wie Paprikaschoten werden auch Weinblätter, Tomaten, Gurken und Auberginen gefüllt. Die Zutaten der Füllung, insbesondere die Gewürze und Kräuter, variieren je nach Region. Bei einem Urlaub jenseits des Bosporus sollten Sie diese Spezialitäten probieren.

Kochtip

Ohne Haut sind Paprikaschoten für viele Menschen leichter bekömmlich. Zum Abziehen die Schoten unter dem Backofengrill oder im auf höchster Stufe vorgeheizten Ofen backen, bis die Haut große Blasen wirft. Herausnehmen und unter einem feuchten Küchentuch abkühlen lassen, dann die Haut abziehen.

Serviertip

Zu Dolmas ißt man Schafsjoghurt mit geraspelter Gurke, Knoblauch und viel frischem Dill sowie Fladenbrot.

Als Getränk empfiehlt sich kühles Mineralwasser oder frisch aufgebrühter Pfefferminztee.

KRÄUTER-FETA IN OLIVENÖL

GRIECHENLAND

Der Hit für Ihr nächstes Picknick: Feta-Käse mit viel frischen Kräutern, fein-herbem Lorbeer und sanftem Zitronenaroma in bestem Olivenöl eingelegt. So macht der Sommer richtig Spaß!

ZUTATEN
(Für 4 Portionen)

- 400 g griechischer Schafskäse (Feta)
- 2 Knoblauchzehen
- ½ Bund Thymian
- 2 Zweige Rosmarin
- 4 Salbeiblätter
- 2 frische Lorbeerblätter (siehe Zutatentip)
- 1 große rote Chilischote
- 1 unbehandelte Zitrone
- 1 EL weiße Pfefferkörner
- etwa ½ l natives Olivenöl

ZUTATENTIP
Frische Lorbeerblätter erhalten Sie auf Wochenmärkten und bei Gemüsehändlern. Sie schmecken feiner als die getrockneten Blätter und haben eine leicht herbe Note.

1 Den Feta in etwa 2 cm große Würfel schneiden. Die Knoblauchzehen schälen und grob hacken. Die Kräuter abbrausen und trockenschütteln. Die Thymianblättchen und die Rosmarinnadeln von den harten Stielen streifen. Die Salbeiblätter grob zerkleinern. Die Lorbeerblätter ganz verwenden.

Schritt 1

2 Die Chilischote längs aufschlitzen, von den Samen und Scheidewänden befreien, waschen und in feine Streifen schneiden. Die Zitrone waschen, trockenreiben und ein 10 cm langes Stück Schale abschneiden. Den Saft auspressen, die Pfefferkörner zerdrücken.

Schritt 2

3 Die Schafskäsewürfel, den Knoblauch, die Kräuter, die Chilischote, die Zitronenschale, den -saft und die Pfefferkörner abwechselnd in ein großes oder zwei kleinere Schraub- oder Einmachgläser geben.

4 Mit Öl aufgießen, so daß alle Zutaten 1 cm hoch damit bedeckt sind. Das Glas gut verschließen und den Feta mindestens 4 Tage im Kühlschrank durchziehen lassen.

Schritt 4

Zubereiten 30 Min.
Marinieren 4 Tage
Pro Portion: 300 kcal/1255 kJ; 18 g EW; 23 g F; 5 g KH

TYPISCH GRIECHISCH
Feta heißt wörtlich eigentlich nur »Stück«. Doch die Kunst der griechischen Hirten, aus geronnener Schafsmilch Käse herzustellen, hat dem Wort Feta eine neue Bedeutung gegeben. In der griechischen Küche ist er allgegenwärtig. Sowohl auf dem Festland als auch auf den Inseln findet man ihn in vielen Variationen.

Kochtip

Lorbeeraroma entfaltet sich nur langsam, deshalb nimmt man die Blätter vorwiegend für Marinaden und Gerichte, die lange schmoren müssen. Doch frische Lorbeerblätter, fein zerkleinert und zum Beispiel mit Kartoffeln, Zucchini oder Auberginen rasch gebraten, verleihen bereits eine sanfte, wunderbare Würze.

Serviertip

Den Feta mit etwas Marinade auf Teller geben und mit Fladenbrot, Baguette oder auch frisch gekochten Pellkartoffeln anrichten.

Als Getränk empfiehlt sich ein kräftiger Rotwein oder auch ein fruchtiger Rosé.

TOSKANISCHER KOTELETTBRATEN

ITALIEN

Schweinebraten extra leicht: frische Mittelmeerkräuter, ein Hauch Knoblauch, feines Olivenöl und fruchtiger Rotwein sorgen bei dieser italienischen Version für viel Genuß ohne Reue.

ZUTATEN
(Für 6 Portionen)

- 1 kg Schweinenacken ohne Knochen (siehe Zutatentip)
- Salz, weißer Pfeffer
- ½ Bund Mittelmeerkräuter (z. B. Basilikum, Thymian, Salbei und Oregano)
- 2 Knoblauchzehen
- 4 EL Olivenöl
- 2 Zwiebeln
- ¼ l trockener Rotwein

AUSSERDEM

- Küchengarn

ZUTATENTIP

Das Fleisch aus dem Nacken sollte von kräftigen Fettadern durchzogen, doch nicht mit einer Fettschicht bedeckt sein. Dann wird der Braten auch ohne viele Kalorien knusprig und schön saftig.

1 Das Schweinefleisch mit Küchenpapier trockentupfen und rundherum mit Salz und Pfeffer einreiben. Auf der Oberseite mit einem kleinen, spitzen Messer ein paarmal etwa 2 cm tief einschneiden (siehe Kochtip). Den Backofen auf 200 °C vorheizen.

2 Die Kräuter abbrausen, trockenschütteln und ohne die groben Stiele fein hacken. In eine kleine Schüssel geben. Den Knoblauch schälen und dazupressen. Dann alles mit 2 EL Olivenöl verrühren. Die Kräuter-Knoblauch-Paste mit einer Messerspitze in die Einschnitte im Fleisch drücken, den Rest auf das Schweinefleisch streichen.

3 Das Fleisch mit Küchengarn umbinden, damit es in Form bleibt. Das restliche Öl in einem Bräter erhitzen. Das Fleisch darin rundum kräftig braun anbraten. Die Zwiebeln schälen, vierteln und um den Braten legen.

4 Das Fleisch im offenen Topf im Ofen (Gas 3; Umluft 180 °C) auf der unteren Schiene etwa 30 Minuten braten. Den Wein rund um das Fleisch angießen, dann den Braten weitere 30-45 Minuten braten, bis er außen schön knusprig braun und innen gerade eben durchgegart ist.

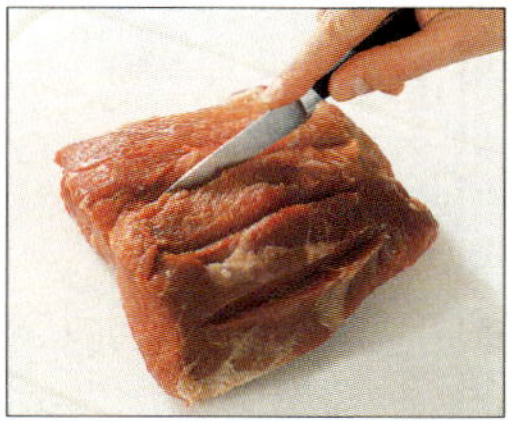

Schritt 1

Schritt 2

Schritt 3

Zubereiten **20** Min.
Braten **1** Std. **15** Min.
Pro Portion: 295 kcal/1234 kJ; 34 g EW; 17 g F; 1 g KH

TYPISCH TOSKANISCH

In einer der reizvollsten Regionen Italiens schwärmt man für Kartoffeln, Landbrot oder Polenta zu deftigem Schweinebraten, saftigem Rindersteak und feinem Kaninchenragout. Sonnenreife Tomaten, Gemüse, würzige Pilze, Kräuter und Olivenöl gehören dazu. Deshalb ist diese kräftige Küche auch so bekömmlich.

Kochtip

Zwei Tricks garantieren Ihnen das Gelingen dieser Spezialität: Das Fleisch müssen Sie der Länge nach einschneiden, damit die Fasern ganz bleiben und kein Fleischsaft austritt. Außerdem sollten Sie den Braten während des Garens einige Male wenden und regelmäßig mit dem Fond im Bräter beschöpfen.

Serviertip

Typisch dazu sind italienische Polenta oder ein Kartoffelgratin. Besonders unkompliziert: knusprig frisches italienisches Weißbrot.

Reichen Sie dazu einen eleganten Chianti oder einen anderen Rotwein aus der Toskana.

SERVIERTIP Außer frisch geriebenem Parmesan können Sie dazu noch einen Insalata mista reichen.

Ein kräftiger Rotwein aus Italien wie Brunello de Montalcino paßt besonders gut.

TAGLIATELLE MIT TOMATEN-KRÄUTER-SAUCE

ITALIEN

Nudeln mit Tomatensauce scheinen auf den ersten Blick bloß Hausmannskost. Doch in Italien wird selbst Alltägliches zum Festschmaus, wie Ihnen diese Pasta-Version unschwer beweist.

ZUTATEN
(Für 4 Portionen)

- 1 kg Tomaten
- 2 Sardellenfilets
- 2 Stangen Sellerie
- 3 mittelgroße Möhren
- 2 mittelgroße Zwiebeln
- 2 Knoblauchzehen
- 7 EL natives Olivenöl (siehe Zutatentip)
- je ½ Bund Oregano und Basilikum
- 500 g Tagliatelle
- Salz
- 50 g Parmesan oder Pecorino

ZUTATENTIP

Naturbelassenes Öl wird immer mit dem Zusatz »nativ« angeboten. Sie können verschiedene Ölsaaten wählen - zum Beispiel Sonnenblumen, Nüsse oder Weizenkeime. Typisch für die italienische Küche sind natürlich Oliven.

1 Die Tomaten kurz blanchieren, enthäuten und würfeln, dabei den Stielansatz entfernen. Die Sardellenfilets kalt abbrausen und in kleine Stücke schneiden.

2 Den Sellerie waschen. Die Möhren, die Zwiebeln und den Knoblauch schälen. Dann alles fein würfeln. Mit den Tomaten und den Sardellen in einen Topf geben. Einmal kräftig aufkochen und im offenen Topf bei schwacher Hitze 30 Minuten köcheln lassen, dabei ab und zu umrühren.

3 Die Tomatensauce mit 6 EL Olivenöl verrühren. Bei mittlerer Hitze unter Rühren weitere 15 Minuten kochen. Die Kräuter abbrausen und trockenschütteln. Die Blätter abzupfen und fein hacken. Unterrühren und alles 5 Minuten weiterköcheln lassen.

4 Inzwischen die Nudeln nach Packungsanleitung in reichlich kochendem Salzwasser bißfest garen. Den Käse reiben. Die Nudeln abgießen, kurz abtropfen lassen und in eine vorgewärmte Schüssel geben. Dann das restliche Olivenöl, die Tomatensauce und den geriebenen Käse hinzufügen und alles vermischen. Die Tagliatelle sofort servieren.

Schritt 2

Schritt 3

Schritt 4

Zubereiten **20** Min. Garen **50** Min.
Pro Portion: 760 kcal/3180 kJ;
27 g EW; 30 g F; 96 g KH

TYPISCH ITALIENISCH

Was wäre Italien ohne Pasta und Wein? Beide traten ihren Siegeszug von der kargen Insel Sizilien nach Norditalien an. Dort wurden sie »verfeinert« und zählen zu den kulinarischen Highlights der typisch italienischen Küche. Ein Klassiker ist Pasta mit Tomaten-Kräuter-Sauce.

DORADE MIT PROVENCE-KRÄUTERN

FRANKREICH

Ein sommerliches Gericht verlangt nach leichten, raffinierten Zutaten. Da ist edle Dorade mit aromatischem Olivenöl und würzigen Kräutern aus dem Süden Frankreichs genau richtig.

ZUTATEN
(Für 4 Portionen)

- 4 küchenfertige Doraden (siehe Zutatentip)
- Salz, weißer Pfeffer
- 4 Knoblauchzehen
- 1 unbehandelte Orange
- je 1 Zweig Rosmarin, Basilikum und Thymian
- 3 frische Lorbeerblätter
- 2 EL Mehl
- 7 EL Olivenöl
- 50 g Butter

AUSSERDEM

- je 1 Zweig Rosmarin, Basilikum und Petersilie

ZUTATENTIP

Die Dorade oder Goldbrasse lebt im östlichen Atlantik und im Mittelmeer. Ihr weißes, zartes Fleisch hat nur wenige Gräten. Preiswerter, aber genauso fein wird dieses Fischgericht mit Lachsforelle.

1 Die Doraden innen und außen mit kaltem Wasser abspülen und trockentupfen. Anschließend mit Salz und Pfeffer würzen.

2 Den Knoblauch schälen und würfeln. Die Orange waschen, trockenreiben und in dünne Scheiben schneiden. Die Kräuter abbrausen und trockenschütteln. Den Knoblauch, die Orangenscheiben, die Kräuter und die Lorbeerblätter in den Bauchhöhlen der Fische verteilen. Dann im Mehl wenden.

3 Das Öl und 1 EL Butter in einem großen Bräter erhitzen, bis das Fett aufschäumt. Die Fische ins heiße Fett legen, kurz anbraten, wenden und zugedeckt bei mittlerer Hitze pro Seite 15 Minuten braten. Dabei mit dem Bratfett beschöpfen (siehe Kochtip).

4 Den Rosmarin, das Basilikum und die Petersilie abbrausen und trockenschütteln. Die Blättchen abzupfen und hacken. Die restliche Butter in einem Pfännchen erhitzen, bis sie schäumt. Die Kräuter hinzufügen und einige Minuten darin ziehen lassen.

5 Die gebratenen Doraden auf einer vorgewärmten Platte anrichten. Mit der Kräuterbutter begießen und sofort servieren.

Schritt 2

Schritt 2

Schritt 4

Zubereiten **10** Min. Braten **35** Min.
Pro Portion: 505 kcal/2113 kJ;
54 g EW; 28 g F; 9 g KH

TYPISCH SÜDFRANKREICH

Mit blauen Lavendelfeldern und duftenden Thymianwiesen, Märkten, die von Blumen und Früchten überquellen, verwöhnt Frankreichs Süden unsere Sinne. Kulinarischer Mittelpunkt sind Knoblauch, Kräuter und Olivenöl – zum raschen Braten und langsamen Schmoren, als Würze zu Röstbrot und knackig frischem Salat.

Kochtip

Nehmen Sie Fische von je etwa 400 g, die leichter zu bekommen und schneller gebraten sind als ein großes Exemplar. Für die Garprobe eine Messerspitze in die dickste Stelle eines Fisches stechen, nach ein paar Sekunden herausziehen und sofort an die Lippen halten. Fühlt sich die Spitze heiß an, sind die Fische gar.

Serviertip

Knusprig frisches französisches Baguette und buntgemischter Salat sind ideale Begleiter zur edlen Dorade.

Als Getränk paßt ein leichter Rosé aus der Provence oder ein Muscadet.

Kräutersoufflé mit Käse

FRANKREICH

ZUTATEN
(Für 4 Portionen)

- 1 Schalotte
- ½ Bund gemischte Kräuter
- 50 g Butter
- 100 g Comté-Käse (siehe Zutatentip)
- ¼ l Milch
- 50 g Mehl
- geriebene Muskatnuß
- Salz, weißer Pfeffer
- 4 Eigelbe
- 5 Eiweiße

AUSSERDEM

- Butter für die Form

ZUTATENTIP
Ein Soufflé verträgt würzigen Hartkäse wie Comté aus dem landschaftlich sehr reizvollen französischen Jura oder einen Gruyère aus der Schweiz. Aber auch mit anderen würzigen Bergkäsen schmeckt dieses Kräuter-Käse-Soufflé.

Das Soufflé ist eine typisch französische Spezialität. Eigelb und Eischnee sorgen dafür, daß die Soufflémasse – hier mit Kräutern und Käse – im Ofen zu einem lockeren Gebilde aufgeht.

1 Die Schalotte schälen und fein würfeln. Die Kräuter abbrausen, trockenschütteln und ohne grobe Stiele fein zerkleinern. 1 TL Butter in einer Pfanne zerlassen. Die Schalotte mit den Kräutern bei schwacher Hitze darin glasig werden, dann abkühlen lassen.

2 Eine Souffléform (2 l Inhalt) ausfetten. Den Käse reiben, die Milch aufkochen lassen. Den Backofen auf 180 °C vorheizen.

3 Die restliche Butter in einem Topf langsam schmelzen lassen. Das Mehl hinzufügen und kräftig unterrühren. Die Milch unter ständigem Rühren angießen. Mit Muskat, Salz und Pfeffer würzen und abschmecken. Bei schwacher Hitze 2 Minuten köcheln lassen.

4 Die Mischung von der Kochstelle nehmen. Nacheinander die Eigelbe, den Käse und die Schalotte mit den Kräutern unterrühren und etwas abkühlen lassen. Die Eiweiße steif schlagen, unter die lauwarme Masse ziehen und alles in die vorbereitete Form füllen.

5 Das Kräutersoufflé im Ofen (Gas 2; Umluft 160 °C) auf der unteren Schiene in etwa 35 Minuten goldgelb backen (siehe Kochtip). Anschließend sofort servieren.

Schritt 2

Schritt 3

Schritt 4

Zubereiten **20** Min. Backen **35** Min.
Pro Portion: 380 kcal/1590 kJ;
21 g EW; 24 g F; 15 g KH

TYPISCH FRANZÖSISCH
Es gibt in Frankreich vermutlich genauso viele Geschichten rund um den Käse, wie es Käsesorten gibt. Seit Jahrhunderten werden sie auf die gleiche traditionelle Weise hergestellt. Fürs Kräuter-Käse-Soufflé bieten sich neben den französischen Hartkäsespezialitäten auch kräftige Weichkäse mit Blauschimmel an.

KOCHTIP

Ein Soufflé ist gar, wenn sich sein Volumen in etwa verdoppelt hat. Während der ersten 20 Minuten dürfen Sie die Backofentür auf keinen Fall öffnen, sonst fällt das luftige Gebilde unweigerlich zusammen. Sobald es fertig ist, müssen Sie das Soufflé rasch auf den Tisch bringen, damit es schön locker und zart bleibt.

SERVIERTIP

Als klassisches französisches Dessert bieten sich in Rotwein pochierte Birnen mit einer Johannisbeersauce an.

Spritziger Loirewein oder fruchtiger Sauvignon aus der Gascogne passen dazu hervorragend.

RIESENGARNELEN »AL AJO«

SPANIEN

Eine spanische Spezialität: zarte Garnelen, begleitet von fruchtigem Tomatengemüse, gewürzt mit dem edlen Aroma von Estragon, sanfter Knoblauchschärfe und einem Schuß Wein.

ZUTATEN
(Für 4 Portionen)

- 4 kleine Tomaten
- 1 große rote Chilischote
- je 2 Zweige Estragon und Petersilie
- 4 EL Olivenöl
- 2 Knoblauchzehen (siehe Zutatentip)
- 100 ml trockener Weißwein
- Salz, weißer Pfeffer
- 8 Garnelenschwänze (je etwa 100 g)
- 30 g Butter

ZUTATENTIP
Der Knoblauch für dieses feine Gericht muß ganz frisch und saftig sein. Ältere Zehen mit kleinen grünen Trieben schmecken viel zu intensiv.

1 Die Tomaten kurz blanchieren, enthäuten und achteln, dabei den Stielansatz entfernen. Die Chilischote längs aufschlitzen und von den Samensträngen sowie dem Stielansatz befreien, waschen und in sehr feine Streifen schneiden. Dann den Estragon und die Petersilie abbrausen, trockenschütteln und ohne grobe Stiele ganz fein hacken.

Schritt 1

2 3 EL Öl in einem Topf erhitzen. Die Tomaten, die Chilischote und die Hälfte der Kräuter darin andünsten. Den Knoblauch schälen und dazupressen. Den Wein angießen und einmal aufkochen lassen. Dann die Tomaten zugedeckt bei mittlerer Hitze etwa 3 Minuten schmoren lassen, bis sie gerade eben weich sind. Mit Salz und Pfeffer würzen, abschmecken und warm halten.

Schritt 3

3 Die Garnelen aus den Schalen lösen und waschen. Den dunklen Darm entfernen (siehe Kochtip). Die Butter mit dem restlichen Öl in einer Pfanne erhitzen. Die Garnelen bei mittlerer Hitze pro Seite 2 Minuten braten. Mit dem Tomatengemüse anrichten und mit den restlichen Kräutern bestreuen.

Schritt 3

Zubereiten **20** Min. Garen **20** Min.
Pro Portion: 365 kcal/1527 kJ;
38 g EW; 21 g F; 6 g KH

TYPISCH SPANISCH
Seit jeher fangen Spaniens Fischer im Mittelmeer und Atlantik eine für Europa einmalige Vielfalt an Schalen-, Krustentieren und Fischen. Daher findet man in den unzähligen spanischen Tapas-Bars und Restaurants täglich eine große Auswahl an kleinen und großen Gerichten mit Fangfrischem aus dem Meer.

Kochtip

Das Auslösen von Garnelen, die Sie in der Schale kaufen, ist ganz einfach: die Schale an der gekrümmten Seite der Garnelenschwänze mit einer Küchenschere aufschneiden und abziehen. Den Darm entfernen, der wie ein dunkler Faden am Rücken der Garnelen entlangläuft, dann die Garnelen sorgfältig abbrausen.

Serviertip

Typisch für Spanien sind als Dessert geeiste Orangenhälften. Richten Sie sie dekorativ mit Orangenfilets und Minze an.

Trinken Sie am besten einen leichten fruchtigen Navarra aus dem Norden Spaniens dazu.

CURRY 3 x ANDERS

Ob Fleisch, Kartoffeln oder buntes Gemüse – Currygerichte sind bei allen, die es scharf mögen, die absolute Favoriten.

SCHWEINECURRY MIT GEMÜSE

Vorbereiten **40** Min. Garen **1** Std.

GUADELOUPE

(FÜR 4 PORTIONEN)

- 1 Zwiebel
- 3 Knoblauchzehen
- 2 grüne Chilischoten
- 600 g mageres Schweinefleisch
- 2 EL Öl
- 1 El Currypulver
- ½ TL gemahlenes Piment
- Salz, schwarzer Pfeffer
- 1 EL Apfelessig
- 2 mittelgroße Tomaten
- 2 festkochende Kartoffeln
- 1 mittelgroße Aubergine

1 Die Zwiebel und den Knoblauch schälen und fein würfeln. Die Chilis putzen, waschen und in Streifen schneiden. Das Schweinefleisch in 3 cm große Würfel schneiden.

2 Das Öl erhitzen und die Fleischwürfel portionsweise bei starker Hitze darin anbraten.

3 Die Zwiebel, den Knoblauch und die Gewürze hinzufügen. Alles bei mittlerer Hitze hellbraun rösten.

4 Den Essig mit ½ l Wasser mischen und angießen. Das Curry aufkochen, dann zugedeckt bei schwacher Hitze etwa 40 Minuten köcheln lassen.

5 Die Tomaten kurz blanchieren, enthäuten und würfeln. Die Kartoffeln schälen, die Aubergine waschen und vom Stielansatz befreien. Beides in kleine Würfel schneiden. Alles zum Curry geben, salzen, aufkochen und 20 Minuten garen lassen. Zuletzt abschmecken.

BLUMENKOHLCURRY

Zubereiten **15** Min.

INDIEN

(FÜR 4 PORTIONEN)

- 500 g Blumenkohl
- 500 g großblättriger Spinat
- 300 g festkochende Kartoffeln
- 1 Fleischtomate
- 180 ml Öl
- 2 TL scharfes Currypulver
- ¼ TL Cayennepfeffer
- 1 TL Zitronensaft
- 1½ TL Salz
- 1 TL Zucker
- 75 g Joghurt (3,5 % Fett)

1 Den Blumenkohl putzen, waschen und in Röschen teilen. Den Spinat waschen, von den harten Stielen befreien und hacken. Die Kartoffeln schälen

MIT SPINAT

Garen **20** Min.

und in etwa 2 cm große Würfel schneiden. Die Tomate waschen und ohne Stielansatz in Scheiben schneiden.

2 Öl erhitzen. Die Kartoffeln 5 Minuten darin braten. Den Blumenkohl dazugeben, kurz mitdünsten.

3 Curry und Cayennepfeffer darüberstreuen. Tomate, Spinat. Zitronensaft, Salz, Zucker und ¼ l Wasser hinzufügen. Zugedeckt bei mittlerer Hitze 15 Minuten garen.

4 Den Joghurt cremig verrühren. Nach und nach untermischen und das Curry 5 Minuten weitergaren.

LAMMCURRY MIT INGWER

Marinieren und Vorbereiten **1** Std. Garen **50** Min.

INDIEN

(FÜR 4 PORTIONEN)
- **600 g Lammschulter ohne Knochen**
- **4 cm frische Ingwerwurzel**
- **1 kleine unbehandelte Zitrone**
- **1 große Zwiebel**
- **1 TL gemahlene Kurkuma**
- **11 Knoblauchzehe**
- **3 EL Öl**
- **Salz**
- **2 cm Zimtstange**
- **1 EL Joghurt (3,5 % Fett)**

AUSSERDEM
- **einige Petersilienblättchen**

1 Das Fleisch in Würfel schneiden. Den Ingwer schälen und fein raspeln. Die Zitrone heiß waschen, abtrocknen und ⅓ der Schale abreiben. Den Saft auspressen. Die Zwiebel schälen und fein würfeln.

2 Das Fleisch mit dem Ingwer, der Zitronenschale, dem Zitronensaft, der Zwiebel und die Kurkuma in eine Schüssel geben. Den Knoblauch schälen und dazupressen. Dann alles gut vermischen und etwa 20 Minuten durchziehen lassen.

3 Das Öl in einer großen Pfanne erhitzen. Das Fleisch bei starker Hitze unter Wenden darin braun anbraten. ¼ l Wasser angießen. Den Bratensatz damit loskochen. Das Curry aufkochen lassen. Dann mit Salz und dem Zimt würzen. Zugedeckt bei schwacher Hitze 45 Minuten köcheln lassen.

4 Die Zimtstange herausnehmen und den Joghurt untermischen. Das Curry mit Salz abschmecken und Petersilienblättchen darüberstreuen.

Rosemarys Lammkeule

USA

Lamm mit Tomaten, Zwiebeln und viel Rosmarin ist leichte amerikanische Sommerkost. Die Kartoffeln garen im Schmorsud mit – so bekommen sie Aroma und eine schöne Bräune.

ZUTATEN
(Für 6 Portionen)

- 1 Lammkeule (etwa 2 kg)
- Salz, schwarzer Pfeffer
- 200 g kleine Zwiebeln
- 1 unbehandelte Zitrone
- 4 EL Öl
- 1 Bund Rosmarin
- ⅜ l Brühe
- 2 Knoblauchzehen
- 1 kg kleine Kartoffeln
- 500 g Eiertomaten (siehe Zutatentip)

Zutatentip

Die länglichen Eier- oder Flaschentomaten eignen sich für dieses Gericht am besten, weil sie nur wenig Saft enthalten, aber viel Aroma und feine Säure liefern. Als Ersatz nehmen Sie Fleischtomaten.

1 Die Lammkeule mit Salz und Pfeffer einreiben. Die Zwiebeln schälen. Die Zitrone waschen und trockenreiben. Ein großes Stück Schale abschneiden, den Saft auspressen.

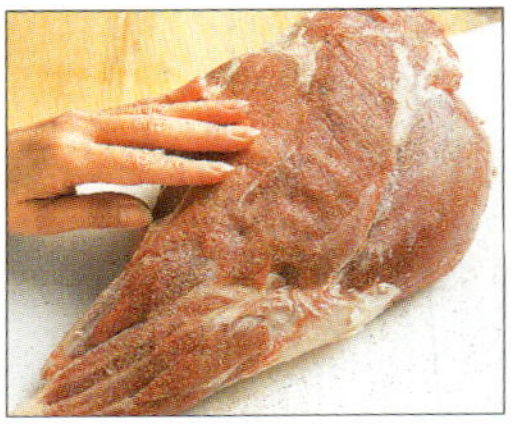

Schritt 1

2 Den Backofen auf 200 °C vorheizen. Das Öl in einem großen Bräter erhitzen. Die Lammkeule darin rundum bei starker Hitze 10 Minuten anbraten, dann herausnehmen. Die Zwiebeln im Bratfett unter Rühren bräunen. Herausnehmen und beiseite stellen.

Schritt 3

3 Die Lammkeule wieder in den Bräter legen. Den Rosmarin abbrausen und trockenschütteln. Zitronenschale, -saft, Rosmarin und die Hälfte der Brühe dazugeben. Den Knoblauch schälen und dazupressen. Den Braten im Ofen (Gas 3; Umluft 180 °C) zugedeckt 1 Stunde schmoren lassen.

Schritt 4

4 Die Kartoffeln schälen und waschen. Die Tomaten, kurz blanchieren, enthäuten und achteln, dabei den Stielansatz entfernen. Kartoffeln, Tomaten und Zwiebeln um die Lammkeule legen. Dann salzen und pfeffern. Die restliche Brühe darübergießen, 1 Stunde weiterschmoren. Den Deckel entfernen, die Temperatur auf starke Oberhitze schalten und die Lammkeule 5-10 Minuten überkrusten.

Zubereiten **30** Min.
Braten **2** Std. **10** Min.
Pro Portion: 910 kcal/3807 kJ; 73 g EW; 19 g F; 80 g KH

Typisch amerikanisch

Lammfleisch wird in Amerika vor allem von den Nachfahren der Einwanderer aus Italien, aber auch aus Asien, gerne gekauft und nach Rezepten aus der ursprünglichen Heimat zubereitet. Daher werden in den verschiedenen Spezialitätengeschäften auch gleich die entsprechenden Zutaten mit angeboten.

Kochtip

Eine Lammkeule ist auch für Ungeübte kein Problem. Zum Gelingen helfen ein paar Tricks: Die Keule kräftig anbraten, während des Schmorens einmal wenden und drei- bis viermal mit der Flüssigkeit im Bräter übergießen. Sobald sie gar ist, aus dem Ofen nehmen und in Alufolie gewickelt 10 Minuten ruhen lassen.

Serviertip

Dazu können Sie ein französisches Landbrot und einen gemischten Salat, wie man ihn in den USA schätzt, servieren.

Passend ist edler Rotwein: kräftiger Cabernet aus Argentinien oder eleganter Barolo aus Italien.

SERVIERTIP Das Maisrelish können Sie auch zu Fleisch, Fisch und Folienkartoffeln vom Grill reichen.

Als Getränk empfiehlt sich ein kräftiger Côtes du Rhône oder ein Rotwein aus Kalifornien.

SIRLOIN-STEAK MIT MAISRELISH

USA

Texas-Küche vom Feinsten: Das thymianwürzige Steak können Sie in der Pfanne oder – ganz stilecht – auf dem Holzkohlengrill braten. Dazu gibt es ein süßsaures farbenfrohes Relish.

ZUTATEN
(Für 4 Portionen)

FÜR DAS MAISRELISH

- 2 rote Paprikaschoten
- 1 rote Zwiebel
- 500 g Maiskörner (aus der Dose)
- 700 ml Weißweinessig
- 180 g Zucker
- je 1 TL Senfsamen und Fenchelsamen
- je 1 EL grob gemahlener schwarzer Pfeffer und Salz

FÜR DAS STEAK

- 2 EL Zitronensaft
- 1 TL getrockneter Thymian
- 4 EL Olivenöl
- 1 Knoblauchzehe
- 1 Sirloin-Steak (etwa 1,2 kg)
- grob gemahlener schwarzer Pfeffer
- Salz

1 Die Paprikaschoten halbieren, von Stielansatz sowie Samensträngen befreien und waschen, dann in kleine Würfel schneiden. Die Zwiebel schälen und fein würfeln. Die Maiskörner gut abtropfen lassen.

2 Paprikaschoten, Zwiebel, Mais, Essig, Zucker, Senfsamen, Fenchelsamen, Salz und Pfeffer in einem Topf vermischen. Unter Rühren aufkochen und bei schwacher Hitze 40 Minuten dickflüssig einkochen lassen, dabei häufig umrühren. Dann abkühlen lassen.

Schritt 2

3 Zitronensaft, Thymian und 2 EL Öl in ein Schälchen geben. Den Knoblauch schälen und dazupressen. Das Steak damit bestreichen und zugedeckt 30 Minuten kühl stellen. Das Fleisch trockentupfen, dabei Thymian und Knoblauch entfernen. Dann das Steak rundum mit grobgemahlenem Pfeffer würzen.

Schritt 3

4 Das restliche Öl in einer Pfanne stark erhitzen. Das Steak darin auf jeder Seite 1 Minute kräftig anbraten. Salzen, wenden und erneut salzen. Dann das Fleisch auf jeder Seite bei mittlerer Hitze etwa 6 Minuten braten. In Alufolie wickeln und 5 Minuten ruhen lassen. Das Steak in Scheiben schneiden und anrichten. Dazu das Maisrelish servieren.

Schritt 4

Zubereiten **50** Min. Braten **25** Min.
Pro Portion: 785 kcal/3284 kJ; 73 g EW; 19 g F; 80 g KH

TYPISCH AMERIKANISCH

Im mittleren Westen der USA gibt es die größten Maisfelder der Welt. Mit riesigen Maschinen werden sie von den Farmern systematisch von Süden nach Norden geerntet. Die Amerikaner genießen die frischen Maiskolben am liebsten als »Corn on the Cob« mit viel Butter und Salz.

Chilischarfe Pintobohnen

Mexiko

Bohnen und Chilischoten sind typisch für die mexikanische Küche. Beide sind ideale Zutaten für einen herzhaften Eintopf wie diesen mit Schweinebauch, Zwiebel und Tomaten.

ZUTATEN
(Für 4 Portionen)

- 300 g Pintobohnen (siehe Zutatentip)
- 2 große Fleischtomaten
- 1 Gemüsezwiebel
- 2 mittelgroße grüne Chilischoten
- 1 Scheibe Schweinebauch (etwa 150 g)
- 1 EL Schweineschmalz
- 3 Knoblauchzehen
- Salz, schwarzer Pfeffer

AUSSERDEM

- 2 EL feingeschnittener Koriander

Zutatentip

Pinto- oder Wachtelbohnen sind beigebraun und wie ein Wachtelei gesprenkelt. Sie kochen mehlig, ohne zu zerfallen. Ersatzweise können Sie rote Kidneybohnen nehmen.

1 Die Bohnen in eine Schüssel geben, mit etwa 1 l kaltem Wasser bedecken und mindestens 12 Stunden einweichen und quellen lassen, am besten über Nacht. Danach in ein Sieb gießen und kalt abbrausen.

Schritt 1

2 Die Tomaten kurz blanchieren, enthäuten und grob hacken, dabei den Stielansatz entfernen. Die Zwiebel schälen und fein würfeln. Die Chilis halbieren, von den Samensträngen sowie dem Stielansatz befreien, waschen und in Streifen schneiden. Den Schweinebauch von Knorpeln befreien. Mit der Schwarte in feine Würfel schneiden.

Schritt 2

3 Das Schmalz in einem Topf erhitzen. Den Speck darin langsam ausbraten, bis die Würfel knusprig sind. Die Zwiebel in den Topf geben und glasig werden lassen. Den Knoblauch schälen und dazupressen. Alles bei mittlerer Hitze 3 Minuten dünsten. Dann die Tomaten, die Bohnen und die Chilis daruntermischen (siehe Kochtip).

Schritt 3

4 Alles mit Salz und Pfeffer würzen, dann ¾ l Wasser angießen. Langsam aufkochen und zugedeckt bei schwacher Hitze 2 Stunden köcheln lassen. Dann den Koriander untermischen. Die Bohnen heiß servieren.

Einweichen **12** Std.
Zubereiten **20** Min.
Garen **2** Std.
Pro Portion: 455 kcal/1904 kJ; 23 g EW; 23 g F; 39 g KH

Typisch mexikanisch

In den mexikanischen »Cantinas« gibt es Bohnen als Beilage zu fast jeder Mahlzeit. Die Frijoles, wie sie in Mexiko heißen, werden gekocht, püriert und dann mehr oder weniger scharf gewürzt. Je nach Region und klimatischen Verhältnissen findet man weiße, braune oder rote Bohnen in verschiedenen Varianten.

KOCHTIP

Geben Sie die Chilis nicht auf einmal dazu, wenn sie es lieber mild mögen, sondern stellen Sie eine Chilisauce mit auf den Tisch. So kann jeder nach seinem Geschmack würzen. Klassisch ist »Salsa mexicana«, eine scharfe Sauce auf Tomatenbasis mit Zwiebeln, Knoblauch, Chilischoten und diversen Gewürzen.

SERVIERTIP

Essen Sie frische, warme Weizen- oder Maistortillas zu den Bohnen. Eine europäische Alternative sind Eierkuchen oder Fladenbrot.

Dazu paßt am besten ein mexikanisches Bier sowie Tequila mit Limonenspalten.

Karibisches Schweineragout

Haiti

ZUTATEN

(Für 4 Portionen)

- 800 g Schweinenacken ohne Knochen
- 2 Frühlingszwiebeln
- 1 kleine Stange Sellerie
- 2 Limetten
- 2 Knoblauchzehen
- 1 Orange
- 1 TL Melasse (siehe Zutatentip)
- 1 TL schwarzer Pfeffer
- ½ TL Cayennepfeffer
- je ¼ TL Nelken-, Piment- und Zimtpulver
- 2 EL Öl
- 400 ml Brühe, Salz

Zutatentip

Melasse, einst Abfallprodukt bei der Herstellung von Rohrzucker, kommt heute zu kulinarischen Ehren, denn sie gibt Speisen ein runderes Aroma als Haushaltszucker.

Saftiges Fleisch mit einer Spur Knoblauch und Sellerie, sanfte Süße mit einem Hauch Karamel, reichlich Zitruswürze und einer guten Prise Schärfe – das ist original karibische Küche.

1 Das Fleisch in 3 cm große Würfel schneiden und in eine Schüssel geben. Die Frühlingszwiebeln und den Sellerie putzen, waschen und ganz fein zerkleinern. 1 Limette heiß waschen, trockenreiben und die Schale rundum als Spirale dünn abschneiden. Alles mit dem Fleisch vermischen. Den Knoblauch schälen, dazupressen und daruntermischen.

Schritt 1

2 Den Saft der beiden Limetten und der Orange auspressen. Mit der Melasse, dem Pfeffer, dem Cayennepfeffer, dem Nelken-, Piment- und Zimtpulver sowie dem Öl verrühren. Das Fleisch damit begießen und gut durchrühren. Dann zugedeckt im Kühlschrank etwa 2 Stunden marinieren lassen, dabei ein- bis zweimal wenden.

Schritt 2

3 Das Fleisch mitsamt der Marinade in einen Topf geben und langsam zum Kochen bringen. Dabei nach und nach die Brühe angießen und salzen. Sobald die Flüssigkeit kocht, die Temperatur zurückschalten.

Schritt 3

4 Das Fleisch bei mittlerer Hitze im offenen Topf 1 Stunde 15 Minuten schmoren lassen, bis die Flüssigkeit fast eingekocht ist (siehe Kochtip). Dann heiß servieren.

Marinieren **2** Std.
Zubereiten **20** Min.
Garen **1** Std. **15** Min.
Pro Portion: 385 kcal/1611 kJ;
42 g EW; 21 g F; 7 g KH

Typisch karibisch

Die karibischen Inseln sind neben ihren kulinarischen Genüssen auch für ihre exotischen Cocktails bekannt. Die Grundzutat ist oft Rum. Er wird aus Zuckerrohr, Zuckerrohrmelasse oder sonstigen Rückständen bei der Zuckerrohrverarbeitung gewonnen. Man unterscheidet zwischen hellem und dunklem Rum.

KOCHTIP

- Salz sparsam verwenden, denn Gerichte, die Sie mit exotischen Gewürzen, Süße und Zitrusfrüchten aromatisieren, schmecken mit weniger Salz besser.
- Während des Garens müssen Sie das marinierte Fleisch häufig umrühren, denn durch die Melasse und die Zitrussäfte setzt es leicht am Topfboden an.

SERVIERTIP

Gebackene Süßkartoffeln sind die typische Beilage zu karibischen Gerichten. Zum Schweineragout paßt auch Reis gut.

Trinken Sie einen kräftigen Rioja oder einen halbtrockenen Weißburgunder dazu.

Küchen-Lexikon

Von A–Z erklärt das Küchen-Lexikon Begriffe und weniger bekannte Zutaten, die Ihnen in diesem Buch begegnen.

Gemüsezwiebel

Sie ist die größte in der Zwiebelfamilie und kann bis zu 500 g wiegen. Gemüsezwiebeln haben braune Schalen und ein mildes Fruchtfleisch. Man kann sie schmoren, ausbacken und wie anderes Gemüse füllen.

Hirse

Hirse gilt als die älteste Getreideart, die der Mensch kultiviert hat. Vermutlich stammt ihr Name von einem griechischen Wort für »Nahrung« oder »Sättigung« ab. Hirse war bei uns im Mittelalter ein Volksnahrungsmittel und ist es noch heute in weiten Teilen Afrikas. Hirsekörner müssen nicht eingeweicht werden und sind in etwa 20 Minuten gar.

Kichererbsen

Getrocknet und in Dosen oder Gläsern konserviert bekommt man Kichererbsen in Geschäften für asiatische Lebensmittel und inzwischen auch in vielen Supermärkten. Die aromatischen, gelben bis rötlichbraunen, unregelmäßig geformten Erbsen stammen aus Vorderasien.

Kokoscreme

Den würzigen Extrakt aus geriebenem Kokosnußfleisch und Wasser oder Milch gibt es vorwiegend in Asienläden zu kaufen. Sie wird dickflüssig in Dosen oder fest als Block angeboten. Man nimmt sie für Suppen, Saucen und Ragouts oder für Süßspeisen.

Limetten

Die kleinen grünen oder gelblichgrünen Zitrusfrüchte mit der aromatischen Säure verwendet man wie Zitronen. Die Schalen können Sie immer mitverwenden, denn Limetten kommen unbehandelt auf den Markt. Wählen Sie feste, glänzende und für ihre Größe schwere Früchte. Sie sind besonders saftreich.

Pastinaken

Sie sehen aus wie Petersilienwurzeln oder weiße Möhren und schmecken roh oder gekocht. Pastinaken sind ein sehr altes Gemüse: vor rund 1000 Jahren haben Mönche die herben Wildpflanzen zum zart aromatischen, angenehm süßen Wurzelgemüse veredelt.

Schalotten

Die länglichen Knollen sind die feinsten und teuersten unter den Zwiebeln. Ihre Schärfe

Kleine Kräuterküche

Die richtige Zusammenstellung und das gekonnte Vorbereiten sind A und O der guten Kräuterküche. Deshalb sollten Sie unbedingt folgende Punkte beachten.

Brunnenkresse

Die größeren, reifen Blätter schmecken am besten, während die kleineren Brunnenkresseblättchen noch nicht so würzig sind. Beim Vorbereiten entfernt man nur die dicken, hohlen Stengel; die zarten kleinen Stiele können Sie mitessen.

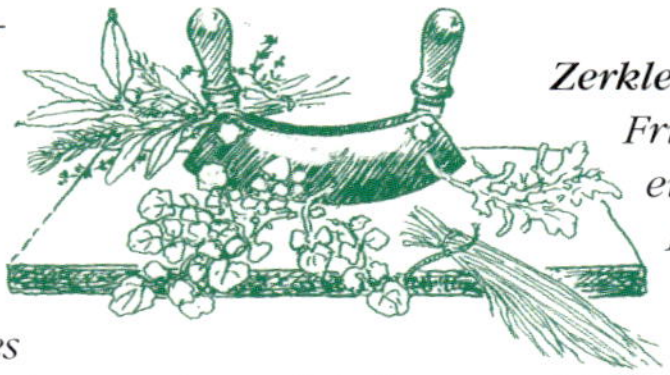

Kräutermischung

Es gibt sie als frisches Bund auf jedem Wochenmarkt und tiefgefroren. Sie können zwischen Kräutern aus der Provence, Mexiko oder Italien wählen.

Wildkräuter

Sie schmecken kräftig und oft ein wenig herb. Mischen Sie Wildkräuter immer mit ein paar milden Zutaten, wie beispielsweise Blättern von Kopfsalatherzen, ein paar Zucchinistiften oder fein geraspelten Möhren.

Zerkleinern

Frische Kräuter mit einem scharfen Messer fein schneiden beziehungsweise kleinhacken oder mit einem speziellen Wiegemesser zerkleinern.

ist harmonischer und weniger beißend als die von normalen Küchenzwiebeln. Doch mild – etwa wie weiße Zwiebeln – sind sie nicht. Man nimmt sie für Vinaigrette, Remoulade und andere kalte Saucen, zum Aromatisieren von Saucen und Fonds, zum Schmoren und als Gemüsebeilage, zum Beispiel glasiert.

Schmorgurken

Die kurzen gedrungenen Gurken mit gelben Einsprengseln und kleinen Narben auf der Schale schmecken gegart am besten. Ihre großen Kerne sind eingebettet in ein weiches Gewebe. Damit die Gurken beim Schmoren fest und knackig bleiben, so vorbereiten: erst schälen und einmal quer halbieren, dann die Hälften der Länge nach vierteln. Jetzt können Sie das Kerngehäuse ganz leicht abschneiden oder mit einem Eßlöffel vorsichtig herauskratzen.

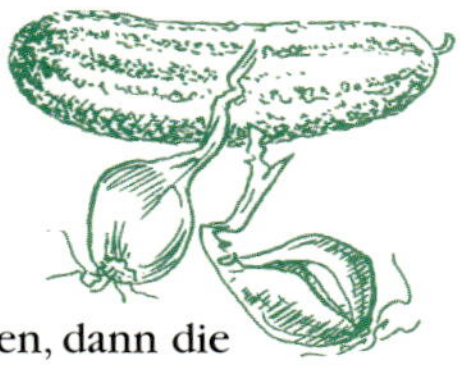

Sirloin-Steak

Dieses typische amerikanische Steak müssen Sie beim Metzger meist vorbestellen. Es sieht aus wie ein großes Kotelett und ist etwa 4 cm dick und 1,2 kg schwer. Das Sirloin ist magerer als die beiden anderen amerikanischen Steak-Spezialitäten T-Bone- oder Porterhousesteak und auch viel preiswerter.

Gewürze richtig verwenden

Das Wichtigste aus der Gewürzküche finden Sie hier zusammengestellt:

Chilischoten
Verschiedene Chilisorten sind das ganze Jahr über im Handel. Die Schärfe sehen selbst Fachleute den Schoten nicht an. Doch es gibt eine einfache Faustregel: orangefarbene Chilischoten schmecken gewöhnlich mild, reife rote Schoten sind schärfer als unreife grüne. Je kleiner die Schote, desto schärfer ist sie auch.

Currypulver
Sie können zwischen zwei Curry-Variationen wählen – benannt nach den indischen Regionen, die durch dieses Spezialgewürz berühmt geworden sind: scharf- oder mild-aromatischem »Madras-Curry« und würzig-scharfem »Bombay-Curry«. Das Pulver immer erst bei schwacher Hitze in wenig Fett 5 Minuten anrösten. Dann die weiteren Zutaten hinzufügen.

Gewürznelken
Gemahlen verlieren Nelken das Aroma rasch, ganz halten sie es etwa zwei Jahre. Der Frischetest: Den Daumennagel kräftig gegen den »Stiel« der Nelke drücken. Wenn ein Öltröpfchen austritt, ist die Nelke frisch.

Harissa
Die scharfe Würzpaste ist typisch für die nordafrikanische Küche, wird aber auch in Israel und den arabischen Ländern verwendet. Sie besteht aus getrockneten roten Chilis, Knoblauch, Kreuzkümmel, Koriandersamen und Salz. Manchmal ist auch Zitrone oder Minze beigemischt. Harissa verleiht Dips für Gemüse, Fonduesaucen und pikanten Quarkspeisen einen besonders interessanten Geschmack.

Safran
Safran ist eine Krokusart mit hellvioletten Blüten. In der Mitte jeder Blüte sitzt ein sehr langer Griffel mit orangeroter etwa 2 cm langer dreigeteilter Narbe. Diese Narben werden während der Blütezeit im Herbst mit der Hand gepflückt und anschließend getrocknet. Kaufen Sie möglichst Safranfäden – sie schmecken aromatischer als das Pulver. Safran immer gut verschlossen in einem dunklen Gefäß aufbewahren, denn er zieht Feuchtigkeit an. Im Vergleich zu anderen Gewürzen ist er teuer.

Menüvorschläge

Die folgenden Menüzusammenstellungen sollen Ihnen als Anregung dienen, wenn Sie gute Freunde oder Ihre Familie mit einem mehrgängigen Essen bewirten möchten.

Dänemark

Putenrollbraten mit Kräuterfüllung 6/7
Vorspeise: Gemüsesuppe
Dessert: Rote Grütze

Grossbritannien

Schottischer Lachsauflauf 8/9
Vorspeise: Kartoffelsuppe
Dessert: Buttermilch-Scones mit Orangenmarmelade

Irland

Brunnenkressesuppe 10/11
Hauptgericht: Gälische Steaks
Dessert: Himbeercreme

Deutschland

Pellkartoffeln mit Frühlingsquark 12/13
Vorspeise: Kräutersuppe
Dessert: Erdbeeren mit Sahne

Schmorgurken mit Kerbel 14/15
Hauptgericht: Fischfrikadellen
Dessert: Grießflammeri

Österreich

Schwammerlgulasch mit Knödeln 16/17
Vorspeise: Gemischter Salat
Dessert: Kaiserschmarren mit Zwetschgenröster

Schweiz

Kräuterwähe mit Eiersahne 18/19
Vorspeise: Weißkohlsalat
Dessert: Gebrannte Creme

Ungarn

Ungarische Paprika-Kartoffeln 22/23
Vorspeise: Apfelsuppe
Dessert: Topfenpalatschinken mit Nüssen

Russland

Gemüsesalat »Vinegret« 24/25
Hauptgericht: Borschtsch
Dessert: Apfelplätzchen

Teigtäschchen mit Kräuterfüllung 26/27
Hauptgericht: Fisch-Soljanka
Dessert: Eingelegte Erdbeeren

Libanon

Orientalische Falafel 28/29
Vorspeise: Tomatensalat
Dessert: Frische Feigen

Iran

Persisches Omelett mit Kräutern 30/31
Vorspeise: Gurkensalat mit Granatapfelkernen
Dessert: Orientalischer Reis mit Pistazien

Israel

Hirsepilaw mit Meeres-früchten 32/33
Vorspeise: Artischockenherzen
Dessert: Gefüllte Datteln

Kenia

Würzhähnchen in Kokosmilch 34/35
Vorspeise: Hirsesalat
Dessert: Bananenkuchen

Türkei

Türkische Paprika-Dolmas mit Minze 36/37
Vorspeise: Börek mit Feta
Dessert: Zitronen-Eier-Sauce

Griechenland

Kräuter-Feta in Olivenöl 38/39
Hauptgericht: Gegrillter Fisch
Dessert: Baklava

Italien

Toskanischer Kotelettbraten 40/41
Vorspeise: Zuppa pavese
Dessert: Mandelgebäck

Tagliatelle mit Tomaten-Kräuter-Sauce 42/43
Vorspeise: Meeresfrüchtesalat
Dessert: Panna Cotta

Frankreich

Dorade mit Provence-Kräutern 44/45
Vorspeise: Pâté en croûte
Dessert: Crêpes mit Orangen

Kräutersoufflé mit Käse 46/47
Vorspeise: Spargelcremesuppe
Dessert: Tarte Tatin

Spanien

Riesengarnelen »Al Ajo« 48/49
Vorspeise: Gemischter Salat
Dessert: Karamelflan

USA

Rosemarys Lammkeule 52/53
Vorspeise: Cräcker mit Radies-chen-Frischkäse-Creme
Dessert: Schokoladencreme mit Minze

Sirloin-Steak mit Maisrelish 54/55
Vorspeise: Gemischte Blatt-salate mit Joghurt-Dressing
Dessert: Heidelbeerpie

Mexiko

Chilischarfe Pintobohnen 56/57
Vorspeise: Rote-Bete-Salat mit Orangen
Dessert: Früchte in Tequila

Haiti

Karibisches Schweineragout 58/59
Vorspeise: Avocadosalat
Dessert: Mangocreme

Rezeptregister

Impressum

Redaktion: Förstner & Knophius GmbH
Illustrationen: Rita Mühlbauer, Beate Brömse

Bildnachweis
Alle Titel- und Rezeptfotos:
Meister Verlag/International Masters Publisher B.V.
Harry Bischof, Dorothee Gödert, Eising FoodPhotography
Einleitung: 4 oben Mauritius, AGE; 4 unten Look, Heeb; 4/5 Bilderberg, Blickle; 5 oben IFA, Glück; 5 Mitte Tony Stone, Condina;
Fotos zu den »Typisch-Abschnitten«: 6 IFA, Teufelhart; 8 Moody-Meyer; 11 IFA, TPL; 12 Okapia, Klapp; 14 Mauritius, Rosenfeld; 16 Magazin, Maly; 18 Tony Stone, Lowe; 22 IFA, Fiedler; 24 Image Bank, Block; 27 IFA, AFI; 28 Image Bank, Roite; 30 Image Bank, Schmitt; 32 Tony Stone, Benn; 35 Mauritius, Rawi; 36 IFA, Welsh; 38 IFA, Glatter; 40 Mauritius, Jung; 43 TCI/Bavaria; 46 Tony Stone, Cornish; 48 Look, Richter; 52 Look, Heeb; 55 Tony Stone, Busselle; 56 IFA, Fiedler; 58 Schapowalow/Nebbia

Reproduktionen DIATEC ® Digital + Imaging Services GmbH, München
Computer to plate: S-B-P-S GmbH Kirchberg
Druck und Weiterverarbeitung: Sebald Sachsendruck Plauen

ISBN 3-88477-029-2